現代アジア・アフリカ政治経済論

韓国、バングラデシュ、ケニア、チュニジアの地平

福田邦夫・大津健登［編］

明治大学軍縮平和研究所共同研究プロジェクト

徳馬双書
007

西田書店

まえがき

『現代アジア・アフリカ政治経済論―韓国、バングラデシュ、ケニア、チュニジアの地平』と題する本書は、明治大学軍縮平和研究所の共同研究プロジェクト「アジア・アフリカの経済発展に関する研究」の成果を徳馬双書 007 としてここに刊行するものである。本書は、韓国、バングラデシュ、ケニア、チュニジアが抱えている問題をそれぞれ若い研究者が共同研究として取り組み、これら諸国が置かれている地域の問題について討議を重ね、数次にわたり現地に調査に赴いてまとめた研究成果の一端である。

明治大学軍縮平和研究所は 2005 年 4 月、故宇都宮徳馬参議院議員のご子息宇都宮恭三氏から、宇都宮軍縮問題研究所発刊の『軍縮問題資料』の継続と平和研究を委託され、多額の基金を基に設立された。顧問には、三木睦子、國広正雄両先生に就任にしていただいた。明治大学軍縮平和研究所は、故宇都宮徳馬先生の平和への願いを実現すべく各分野にわたり研究プロジェクトを立ち上げて平和研究に取り組んできた。徳馬双書の他、季刊『軍縮地球市民』（第 1 号～第 11 号）を 2010 年度まで発行した。またリサーチ・ペーパー（Meiji University IDPS Research Papers Series）を発行し、学部学生、院生さらには市民の知的関心を刺激し、明治大学における平和研究の存在を広範に知らしめるところとなった。さらに平和をめぐる問題に関して国内外の識者やオピニオンリーダーを招聘し、国際シンポジウムや公開講座、講演会、「被爆者の声を受け継ぐ映画祭」（2007 年度から 2014 年度）等、多彩な催しを開催した。

故宇都宮徳馬議員は長年の政治活動をつうじて、ひたすら核戦争阻止と平和な世界を実現するために全力を傾注して奔走された日本の誇るべき政治家であった。また日本国政府に、「アメリカに平和憲法を輸出せよ」と迫り、岸信介らアメリカに追従し、反共外交路線を唱える自民党右派に抗してAA研（アジア・アフリカ問題研究会）を結成し、日中国交回復、韓国の民主化や非同盟諸国との協力、パレスチナ人民支援等平和外交を進めた。アルジェリア独立戦争（1954～1962年）に際してアルジェリア民族解放戦線（FLN）を支援するため日本北アフリカ協会（後に日本アルジェリア協会に改名）を設立し、1959年9月には自らアルジェリアの戦場を視察した。また私財を投げ打って平和運動、反核運動に貢献され、何よりも質素を旨とする政治家であった。その思想の一端は、以下の若者へのメッセージからも伺うことができる[1]。

そこで私は、私よりもはるかに若い人達に言いたいことがあります。若い人達は私達老人よりもはるかに長い未来をもっていることはまちがいありません。余命いくばくもないものよりも、長い未来を持つものの方が人類の運命により強い関心をもつのは当然でしょう。

特に平和憲法と非核三原則、武器輸出三原則を国政の根本におく日本の青年達が、核戦争阻止、人類の存続のために世界の青年達と手を組む運動をおこしてもらいたいものだと私はつねづね思っています。老先(おいさき)短い老人達は、目先の利害や、感情のために何をするか分からない危険なところがあります。

この人世で長い未来に恵まれている若者達が、押し寄せてきている人類の危機に無関心で戦争は恰好いいなどといっていては、もはや救いはありません。しかし、目を見ひらいて、危機の正体を知り、

1　以下は、［宇都宮 1984：6］。ここでは、宇都宮徳馬（1984）「若者よ！世界平和の先頭にたて―いま人類がそれを求めている―」宇都宮軍縮研究室編『軍縮問題資料』宇都宮軍縮研究室、NO.48、1984年11月を参照。

皆でこれをおさえていけば、人類の破滅など起こるはずはないのです。核戦争も天災ではなく、人間の政治が起こすのですから。

かつての日本は、軍備が弱くて破滅したのではありません。国を守る意思がなくて敗北したのでもありません。強制されたとはいえ、国民の国を守る危機意思が最高に高まり、軍事費を最も余計に使って民生を圧迫した時に戦争の災禍をうけ、広島、長崎とむごたらしい非戦闘員の大量死を最後に見たのです。

そういう悲惨な経験は日本だけが味わったのだから、日本には核武装する権利があるという一部の人の考え方は、悪魔の思想というべきでしょう。むしろわれわれは、こういう悲劇を二度と経験したくない、しかもそれだけではなく、他のいかなる民族にもこうした悲劇を経験させてはならないと大悟徹底した精神、それがノー・モア・ヒロシマの精神で、実に尊いと思います。

それは戦後にできた民族のモラルです。そのモラルがある種のイデオロギーに独占されたり、外国の政策に利用されたこともありましたが、それらは問題の本質の重大さを少しも損なうものではありません。むしろそういうものを超越した無色の平和運動を、この際もう一度強力に展開することです。

そうした考え方を背景として、日本の若者は、核戦争を含むすべての戦争を誘発している軍備競争を止めさせる努力の先頭に立つべきことが求められています。

1984年当時、宇都宮徳馬議員は、「平和憲法と非核三原則、武器輸出三原則を国政の根本に置く日本」と述べているが、現下の日本は、非核三原則、武器輸出三原則を投げ捨て、さらに、今やこの国の政府は、平和憲法すら否定し、再び戦争する国造りに向けて狂奔している。

1970年当初、まるで2011年3月11日の災禍を予見するかのように、原子力発電所の建設構想に対して猛烈な反対を唱えたのも宇都宮徳馬議員であった。同議員が他界されたのが2000年7月1日。あれから15年の歳月が流れ去った。三木睦子、國広正雄両先生も鬼籍に入られた。宇都宮徳馬議員の意志を継承すべくして設立された明治大学軍縮平和研究所も、2015年3月31日をもって特定研究ユニットとしての認定の期限を終えることになった。この間、学内に軍縮平和研究所出版部を置くことがかなわず、出版部は、西田書店の一隅をお借りして出版活動を行うことができた。この場をお借りして西田書店社長日高徳迪氏とそのスタッフの方々に心からの謝意を表明したい。また明治大学軍縮平和研究所の運営委員をお引き受けいただいた諸先生方、そして何よりも宇都宮恭三氏に対してお礼を申し述べたい。

2015年1月20日

明治大学軍縮平和研究所所長

明治大学商学部教授

福田　邦夫

現代アジア・アフリカ政治経済論　　目　次
――韓国、バングラデシュ、ケニア、チュニジアの地平

現代アジア・アフリカ政治経済論

――韓国、バングラデシュ、ケニア、チュニジアの地平

第1章　東アジア—資本主義と韓国

大津健登

はじめに[1]

「BC 2333年10月3日　東の空からひときわ鮮やかな朝光が、霊峰白頭山（ペクトゥサン）の神域を射るように照らしていた。天が大地におくる瑞光であった。神域の神子（シンシ）は、瑞気に覆われ、白衣の群像が大地に伏して一面に白い光を放ち、風もなく、葉擦れの音もなく静まりかえっていた。天孫の檀君（ダングン）が朝鮮（ジォソウォン）の開国を宣誓する瞬間のことであった」［金両基 1989：2］——韓国の物語（歴史）は、このように始まるとされる。もちろん、何千年も前のその光景の描出には幾通りもの解釈がある。「檀君の朝鮮、その実像はまだ霧の中にある。あるものは霧の中にその姿を発見したといい、あるものはそれを幻だといって譲らず、またあるものはそれは

1　なお、本稿は、［大津 2014］の「韓国の経済発展に関する研究—グローバリゼーション下の韓国資本主義—」（2013年度博士学位請求論文）明治大学、を本章の問題意識にそって再構成した論考となっている。

また、韓国の統計数値については、各ウェブサイト統計システムによって、随時数値を更新している場合があり、現在取得できる数値と若干の誤差がみられるので留意されたい。

文献の参照・引用について、韓国語の文献および資料の著者はカタカナ・フルネームで記しており、日本語文献の韓国論者は、漢字姓名で記している。ただし、韓国における政府機関をはじめ、日本国内でも一般的に把握されている場合は、漢字を使用している。

創作神話だといって、神話としてすら認めようとしない」[金両基 1989：4] のである。とはいえ、「その実像を探ることはむろん重要で、しかも大事なことだが、もっと大事なことを見落としているようである。それが実在していようといまいと、この民族の深奥には、遥か古代の朝鮮という名の国がユートピアとして生きつづけてきたことを忘れている。その実在が立証されたからといって、また、所詮神話的国家であったと実在を否定されたからといって、こころに抱いてきたユートピアとしての朝鮮のイメージは変わらないであろう。この民族に生を受けたものなら、だれもが一度は想いを馳せたくなるユートピアなのである。無限のロマンに彩られたユートピアをもっていることによって、美しい夢を描いていられるのである」[金両基 1989：5]。

今日、そのユートピアを想い返す時間さえ与えてくれない。時代はグローバルである。巨大資本が国境を越えて動きまわり、効率性・合理性が追求される現代社会は、人びとの思考を分断させる。朝鮮半島の構造的歴史的状況は、「南北分断」が転換点となって現在進行中である。

第二次世界大戦後、世界の動向と情勢は図1−1のように把握できよう。韓国においては、冷戦体制の局地的熱戦の場となり「分断国家」という状況のなかで国づくりを行わければならず、開発独裁に財閥、輸出志向型政策、その発展過程は「漢江の奇跡」「東アジアの奇跡」「開発モデル」として注目をあびつつ、1987年に民主化を達成し、1997年アジア通貨金融危機による国家破綻の窮地を、IMF構造調整政策によって脱した経験をもつ。韓国は劇的に発展した。韓国は、「先進国」、「工業国」、「財閥共和国」、「サムスン共和国」とも言われる。しかし、経済危機と「V字型回復」を繰り返す韓国社会は、きわめて不安定である。ユートピアは霞んでいる。

本章では、今日このように歪で不安定とされる問題の要因を抉るために、労働の実態（労働力構成）を明らかにし、資本賃労働関係の相貌を考察する。働くわれわれ一人ひとりがどのような生活状況に直面

図1-1　世界とアジア―歴史と構造

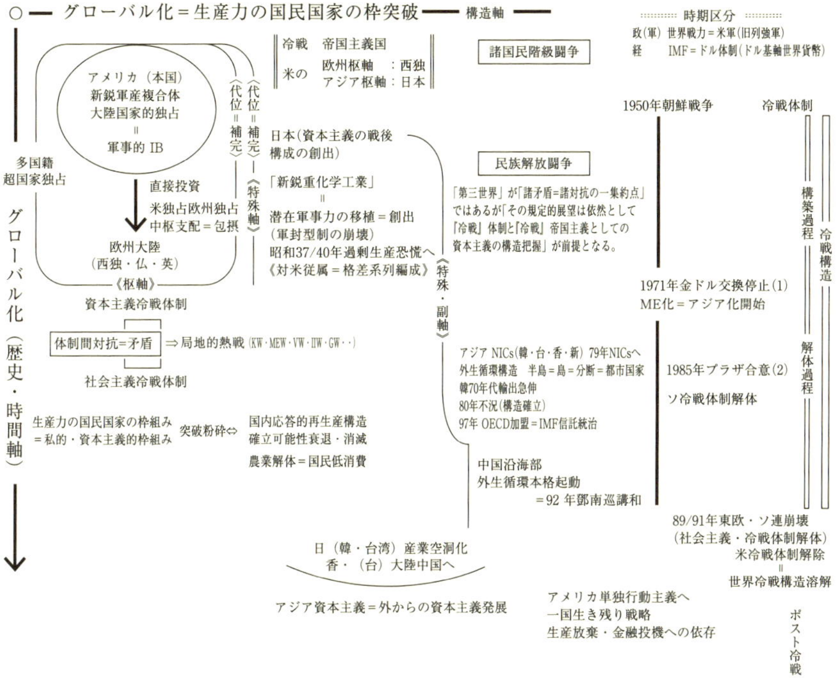

（出所）［涌井 2013：16］、図 1-2。

しているのか、本章の分析を通じて明らかにする。

［1］韓国経済　成長の構図

結論から述べよう。今日の韓国の経済成長は、サムスン電子や現代自動車などの財閥（大企業）による製造業（重化学工業部門）の生産・輸出を軸とし、直接投資などを通じてグローバルに市場を拡大しつつ、東アジア地域とりわけ日本（慢性的貿易赤字）と中国（最大の貿易黒字）との貿易によって規定されている側面が強い。特定の産業（電気電子部門と輸送機械部門）に特化した量産化および高度化による高付加価値化とコスト削減、すなわち最適化された効率性と合理性は、グローバリゼーションや新自由主義といった世界経済の動向に深く包摂され、同時に東アジア地域を重要な市場として位置づけることで、実現しているという構図である。

韓国経済が発展するためのポイントは、このような対外経済関係の強化・拡大である。韓国の国内市場の狭隘性は、海外展開を促進する要因となる。海外市場への積極的な進出や輸出によって、市場は活性化される。活気づいた市場（産業）によって、国内においても多くの労働者が必要とされ、雇用が創出される。しかし、実際はサービス業を中心とした労賃圧縮・不安定就業層の増大がもたらされ、格差拡大の社会的問題が生み落されていく。こうした状況に対応するため、その裾野・受け皿を広げようと政策上でも対内的・対外的に市場の開放を進める。だが、生活基盤を構築するはずの農業は衰退したままでサービス業が拡大しつづける。かかる状況下、強みをもつ製造業部門の利益確保と国際競争力を維持するために、かつ国内の全般的な経済水準を落とさないために、さらに輸出を推し進めるのである。競争が一層激しくなり、資本に余裕のある大企業や選別化された産業、資本家が容易に富を蓄えられる図式となる。こうした展開は、対外的な経済関係の進展による成長に比例して、あるいはそれ以上のスピードで労働者への犠牲をはじめとした生活環境の悪化をもたらし、人々の生活が顧みられない事態を連続的に生んでいる。「豊かさ」を求めて市場を開放しつづける現代韓国経済の成長曲線は、国内に様々な問題を次々と生み落とすという矛盾と歪みを孕んだ構造である。グローバリゼーションの一層の推進や新自由主義の展開は、韓国に富の蓄積と負の蓄積の対立的な構図＝企業間・産業間・地域間・労働者間の「二極化」を極めて深刻に進行させてしまっているのである。

では、韓国経済の基本構成を把握する。表1－1には、資本投入の結実として総生産および総産出額をベースに示した。一瞥して解るのは、どの部門もその値を伸ばしていることである。量的には発展し、経済規模は大きくなっている。しかし、部門別構成比を検討すると産業構造の歪みが明白になる。韓国の輸出主導型経済の強みである重化学工業部門（1990年30.0％→2009年39.0％、以下カッコ内同期間）は比率を伸ばし、軽工業部門（19.5％→8.7％）と農林漁業（5.2％→1.8％）の比率は大幅に落ちこんでいる。同時に、その縮小分はサービス部門（44.5％→50.2％）の増率となって立ち現われる。特に、同表の労働力編成をみれば、サービス部門が多くの労働者（対全部門に占める比率1990年53.5％→2009年74.6％）を抱えこんでいることがわかる。近年のサービス部門における不安定就業層・非正規雇用労働の現出である。さらに、韓国経済は、重化学工業部門の貿易黒字によって支えられているため、国内で一定程度の生産・雇用・輸出増を保たなければならない。つまり、グローバリゼーションの進展とともにもたらされる「産業空洞化」といった事態は避けなければならない。かかる状況下、部門別の投入過程で算出される雇用者所得（44.7％→47.1％）は維持しているものの、同投入構成の粗付加価値（42.7％→37.7％、総投入額に占める比率）や産出過程で最終需要に計上される民間消費（40.9％→36.9％）、固定資本形成（28.8％→19.8％）の比率はいずれも低下しており、国内の経済活動が活性化しているとは言い難い。農林漁業（294万人→166万人）および軽工業部門（222万人→110万人）の労働者は半減し、重化学工業部門（213万人→222万人）でさえ、雇用崩壊はおさえつつも堅調な雇用創出に至っていない。他方、販路構成のひとつである輸出（22.4％→34.2％）と輸入（12.2％→15.5％）の比率は上昇し、対外依存が一層進んでいる。

このような構造変化がもたらされた重大な契機は、1997年アジア通貨金融危機によるIMF構造調整政策の実行であった。

この政策によって[2]、①財閥の構造調整については、企業経営における透明性の向上（結合財務諸表の作成義務化、国際会計基準による

---

[2] 以下本文で整理したIMF構造調整政策ついては、［キム・ギウォン2000］、［チャ・スンヒ1998］、を参照。

表 1-1　韓国経済の基本構成（産業連関表整理表）（単位：10 億ウォン、%、1,000 人）

	総生産・産出額					構成比		
	1980	1990	2000	2005	2009	1980	1990	2000
農林漁業	7,797	21,858	38,286	42945	51,047	8.3	5.2	2.8
鉱業	738	2,222	2,648	3,230	3,726	0.8	0.5	0.1
製造業	47,770	206,668	647,339	957,934	1,324,524	51.0	49.5	47.4
（重化学工業）	24,510	125,377	477,041	762,523	1,082,764	20.2	30.0	35.0
金属	5,967	29,104	78,696	160760	243,211	6.4	6.9	5.7
鉄鋼	1,770	6,369	14,063	28129	49,604	1.9	1.5	1.0
機械器具	6,842	62,751	266,975	403,548	562,347	7.3	15.0	19.5
一般機械	1,305	13,131	43,132	69,616	96,105	1.4	3.1	3.1
電気・電子	3,495	26,591	142,426	190,141	268,917	3.7	6.3	10.4
電子機器部分品	—	8,287	59,237	84,567	126,472	—	2.0	4.3
輸送用	1,674	21,286	74,613	132,329	182,090	1.8	5.1	5.4
自動車	—	17,486	59,198	105,895	120,019	—	4.2	4.3
精密・光学	368	1,743	6,804	11,460	15,234	0.4	0.4	0.4
化学工業・製品	4,654	17,161	61,050	97,744	137,491	5.0	4.1	4.4
石油・石炭	5,284	8,730	53,147	76703	106,507	5.7	2.0	3.8
土石窯業	1,763	7,631	17,173	23,768	33,208	1.9	1.8	1.2
（軽工業）	23,260	81,291	170,298	195,411	241,760	24.8	19.5	12.4
食料品	10,073	29,260	59,086	72,147	93,875	10.8	7.0	4.3
繊維類	8,045	30,569	51,657	45,202	50,185	8.6	7.3	3.7
その他	5,143	21,462	59,555	78,062	97,700	5.5	5.2	4.3
建設業	7,493	43,722	99,268	150,573	188,450	8.0	10.5	7.2
電気・ガス・水道	2,016	7,288	31,488	46,389	64,691	2.2	1.7	2.3
運輸・通信	5,537	20,105	85,051	127,804	159,099	5.9	4.8	6.2
卸小売	6,928	27,694	69,844	106,267	136,823	7.1	6.6	5.1
金融保険不動産	4,268	29,815	145,365	192,539	243,072	4.6	7.1	10.6
サービスなど	11,391	44,584	243,647	400,253	552,589	12.2	10.7	17.4
その他	1,347	13,000	29,982	40,864	50,947	1.4	3.1	2.1
総計	93,638	416,965	1,392,918	2,068,798	2,774,976	100	100	100
（粗付加価値）	37,116	178,317	599,645	851,982	1,047,905	—	—	—
雇用者所得	15,249	79,690	267,134	397,118	493,685	41.0	44.7	44.5
（最終需要）	53,360	236,246	839,433	1,184,628	1,559,654	—	—	—
民間消費	24,786	96,669	352,370	465,639	575,970	46.4	40.9	41.9
固定資本形成	11,828	67,987	186,903	250,194	309,714	22.1	28.8	22.2
輸出	12,467	53,154	236,966	343,325	534,073	23.3	22.4	28.2
（総需要）	109,881	474,894	1,632,706	2,401,453	3,286,725	—	—	—
輸入	16,243	57,929	239,788	332,646	511,748	14.7	12.2	14.7

（注）各単位未満を切り捨てているため、各総計の数値に若干の誤差がある。また構成比率では算出された小数点第二位以下を切り捨てているため（多少の調整はあるが）、100%の合計にならない場合がある。また、雇用者所得、民間消費、固定資本形成、輸出、輸入の比率は、同構成内の比率となっている。

（出所）韓国銀行（http://www.bok.or.kr/）、［涌井秀行 1989：160-177］を参照、作成。

	労働力構成			
09	1980	1990	2000	2009
1.8	3,894	2,945	2,228	1,666
.1	132	72	19	16
7.7	2,648	4,359	3,195	3,324
.0	953	2,131	1,854	2,220
3.7	168	393	337	469
.8	67	32	14	18
.2	486	1,275	1,243	1,480
3.4	94	303	310	371
.7	258	571	559	587
.5	—	200	183	244
.5	101	346	310	435
.3	—	267	212	279
.5	34	54	62	85
.9	168	232	147	148
.8	24	29	18	17
.2	107	199	108	105
.7	1,695	2,228	1,340	1,103
.4	354	441	283	278
.8	868	1,161	526	323
.5	473	624	531	502
.8	650	1,191	1,248	1,622
.3	42	60	71	70
.7	513	753	909	1,150
.9	1,814	2,368	2,887	3,201
.7	401	723	958	1,103
.0	2,088	2,649	4,482	5,988
.8	—	764	674	1,587
00	12,184	15,888	16,676	19,730
— 1				
— 9 8 2				
— 5				

会計制度の改善、社外理事制度の導入など）や相互債務保証の解消、財務構造の画期的改善、核心部門の設定および中小企業との協力関係強化、支配株主および経営陣の責任強化、金融資本に対する産業資本の支配制限、循環出資と不当内部取引の抑制、不法・変則的相続の防止、を促した。②金融の構造調整については、公的資金投入による金融機関の不良債権の整理と、金融監督体制の一元化および整備（金融監督委員会の設立やBIS比率など健全性規制基準の設定）が行われた。③公共部門の構造調整においては、人員削減および民営化がなされた。④労働部門の構造調整については、整理解雇制の実施と派遣勤労制の施行による労働市場の柔軟化、民主労総と教員労組の合法化による労組の政治活動許容などの措置がとられた。また、⑤対外開放が、制限幅のない自由変動為替レート制への移行（為替自由化）や、外国人の株式投資限度の撤廃、外国人の国内短期金融商品・会社債買入れ制限の撤廃、（外国人）直接投資に対する制限の縮小・優遇政策の制定（資本自由化）、一部日本商品において行われていた輸入制限制度の撤廃と貿易関連補助金の一部廃止（貿易自由化）、といった政策によって推し進められたのである。

実際、どのような影響があったのか。まず、この間の金融改革によって[3]、金融機関における営業停止や合併、外国資本への売却、破産などが一挙に進んだ。1997年末に33行あった銀行は2001年8月末までに22行となり（以下、同期間）、総合金融会社は30社→9社、証券会社36社→30社、投資信託会社31社→24社、保険会社50社→37社、リース会社25社→16社、貯蓄銀行231行→153行、信用組合1666組合→1326組合と大きく減った。さらに、企業改革が強く推し進められたことによって、サムスン、現代、大宇、SK、LGの5大グループの系列企業20社、6～64大財閥の系列企業32社、非系列企業7社などが経営不振の状況で整理対象となり、債権銀行から協調融資を受けた財閥11社のうちハンファ（韓国火薬）、東亜建設、コハップ（高麗合繊）、ヘテ、シンホ（新湖）、ニューコア、ハンイル（韓一）など7社の事実上破産状態にある系列企業が解体させられた。こうして、自力で立て直すことの難しい企業は、債権銀行の主導で財務構造改善を進めるワークアウト（企業構造改善作業）や、政府の強力な干渉のもと財閥間の事業交換および事業専門化の促進かつ重複・過剰投資の解消を目的としたビッグディール（大規模事業交換）が実行された。事業の「選択と集中」が推し進められ、多くの財閥はさらなる再編を迫られることになっていった。それは、石油化学、半導体（電子）、鉄道車両、発電設備、船舶用エンジン、航空機、自動車、製油の部門において、5大財閥で事業交換しつつ特出した強みをもっていこうという方案であった。自動車産業は現代、大宇、起亜、双龍、サムスンの5社体制から、起亜を買収した現代、双龍の経営権を一部引き継いだ大宇、サムスン自動車と大宇電子の事業交換（1999年サムスン自動車の会社更生手続申請と大宇財閥の経営危機が重なり白紙化）によって、現代と大宇の2社体制になった（1999年に大宇財閥が破綻し、分離独立した事業で大宇の系列企業が継続して経営されているものの、大宇財閥・グループとしての活動は行われなくなっていった。自動車産業は、実質的に現代自動車1社体制となっている）。

3 この段落は、［クン・ミンホ 2011：145-154］、を参照。

半導体産業では、サムスン、現代、LGの3社体制から、1999年にLG半導体を吸収合併した現代電子（2001年に現代グループから経営分離・独立しハイニックス半導体となる→2012年にSKが買収しSKハイニックスとなる）、サムスンの2社体制となった。他部門でも事業集約は同様に進められ、航空機産業2社体制、船舶用エンジン産業2社体制、発電設備産業1社体制となった。

この一連の政策によって、ひとつの企業で50〜70社（系列企業）をかかえるような状況や400〜600％ほどあった負債比率は徐々に解消されていったが、選別化された大企業かつ重化学工業部門における強い経済的影響力の問題は残された課題となった［チョン・イヌ2002、キム・サンジョ2010］。

いずれにせよ、こうしたなかで上述のように経済改革が急速に進み、GDP成長率は1998年のマイナス5.7％から、1999年に10.7％、2000年に8.8％となり、1999年には対外債権が対外債務を上まわるようになった。また、韓国は1997年末にIMF主導で決定された583億ドルにも上る最大規模の支援パッケージを受け入れたのだが[4]、うちIMFが供与した195億ドルの融資を2001年8月には全額返済したのである［高龍秀2009：3］。また、貿易収支は継続して黒字を計上するようになり（貿易依存度も深化、1990年32.35％→2000年59.23％→2010年81.48％）、外貨準備も増大した。経済は、「V字型回復」した。

だが、「深刻な景気停滞と企業の倒産、そして厳しい構造調整政策によって、失業者が急激に増え、韓国の貧困階層は著しく増大した。貧困の程度（貧困ギャップ）は、非常に大きくなった。貧困関連の研

4　1998年当時の資料によると（「韓国銀行IMF資金支援関連の追加合意内容」『韓銀情報』）、支援パッケージの融資の内訳は、IMF210億ドル、世界銀行100億ドル、アジア開発銀行40億ドル、日本100億ドル、アメリカ50億ドル、イギリス・ドイツ・フランス・カナダ・オーストラリア計50億ドル、G7などの追加融資20億ドルとなっており、総額570億ドルである（のちに増額等あり）［高龍秀2000：120-124］。

究結果によると、通常200〜400万人ほどの貧困層は、IMF経済危機以後500〜1000万人となり、2倍以上増加したと算出されている。こうした多くの貧困階層の拡大は、貧困層の構造的性格も変化させた。経済危機以前の貧困層の特徴は、高齢者世帯、女性の単身世帯、障害者、病気を患っている人など人口学的脆弱性をもった世帯にみられていたが、経済危機以後は、過去における貧困の様相とは違い、一般世帯にも相当な貧困層が形成されたのである。とりわけ、農村世帯ではなく大都市の世帯で貧困層が10〜20%以上増え、全体的な貧困層が2倍ほどになってしまったのである。IMF危機以後、大都市に集中している中小企業・大企業において失業者が非常に多く排出され、新たな貧困層が形成された」［パク・チョンイク2001：2］のである。国民生活においては、決して安定的な状態ではなかった。

こうして、韓国社会にも「二極化」の状況が、今、目の前にある危機として顕在化し、日常生活の隅々にまで広がっている。すなわち「1997年経済危機以後、所得と資産格差を中心に検討されはじめた経済的二極化は、住宅および子女教育の差別化を軸にした社会的二極化にまでおよび、社会的二極化は消費生活を中心とした文化的二極化を経て、意識的二極化をもたらしながら、韓国社会を“新身分社会”という断絶的状況においやっているのである。よって、マクロ経済的指標を重視してきた既存の二極化論は、意識的な次元まで考慮したリモデリングが求められている」［キム・ムンジョ2008］のである。いわば、「新貧困」といわれる事態にまで解釈されている。

［2］韓国経済　発展の構造

韓国における経済発展（産業部門）の要諦は、製造業（特に、電気電子部門、輸送機械部門）である。生産、貿易、投資の動向から明白な点である。しかし、その実態はいかなるものなのか。本節では、資本蓄積がもたらされる構造を分析する。

韓国製造業の「生産性」を『鉱業・製造業統計調査報告書』[5]より表1-2にまとめてみた。確かに、2000年代における韓国製造業の「生産性」は上昇しており、1997年アジア通貨金融危機の事態を切り抜け、発展に寄与している。一瞥すると、生産額や出荷額の伸びが顕著なこと（生産額1997年435兆ウォン→2009年1122兆ウォン、出荷額同期間431兆ウォン→1123兆ウォン）、また、2000年以降いよいよ本格化する海外展開と国外依存によって、2005年を境に2007年から2009年にかけて企業数と従事者数は若干の減少という傾向になっている（企業数2007年5万8902社→2009年5万5110社、従事者数同期間250万人→245万人）。特に、統計上の制約はあるが（2006年までは5人以上の企業を対象に計算し、2007年以降は10人以上の企業をその対象としている）、2006年と2007年における製造業全体での企業数や従事者数の大幅な減少（企業数11万6073社→5万8902社、従事者291万人→250万人）がそのまま軽工業（とその減少差から分かる零細企業）にも反映されている。このような傾向は、給与削減やリストラ、その他産業への転出、雇用形態の変化などでその対応を迫っている。こうした状況下で、1人あたりの付加価値額でみた生産性や、有形（固定）資産に対する従事者を資本整備率とすれば、電気電子機械、輸送用機械を軸とした重化学工業部門の大幅な上昇と軽工業の停滞が明白であり、とりわけ1997年と2009年の値を比較するとその階差は非常に大きくなっている。つまり、輸出主導型経済といわれる構造は、国外依存を深めながら生産効率の選別化を図るために、電気電子機械と輸送機械それら関連産業については雇用を維持しつつ労働生産性の上昇を実現しているのである。企業数を減らしながらも軸となる産業の雇用崩壊までに至らず、他方で賃金の増加を見込む形をとっている。また、図1-2に示したように、全産業を対象にして企業規模別雇用者数

5　統計庁『鉱業・製造業統計調査報告書』（各年版）を参照。以下同段落の数値は同参照。ここでは企業体編を基準とした統計である。また、同データ版で統計庁（http://www.kosis.kr/）「鉱業・製造業調査」も参照。

表 1-2　韓国製造業における生産性の変化（単位：社、人、10 億ウォン）

1997	企業体数	月平均従事者数	年間給与額	生産額	出荷額	付加価値	有形資産額（年末残額）
製造業	89,037	2,698,698	41,512	435,048	431,178	181,179	211,461
第一次金属（鉄鋼類）	1,848	115,202	2,172	36,483	36,513	11,527	22,649
電気電子機械	7,944	432,125	6,569	76,250	75,535	34,521	32,336
輸送用機械	3,858	342,053	7,151	66,608	65,443	26,993	31,562
医療・精密・光学機器	1,897	41,043	525	3,787	3,755	1,606	1,134
化学物・化学製品	2,390	158,130	3,011	43,455	43,057	18,421	29,151
繊維・衣類(皮革カバン、靴を除く)	16,818	387,812	4,441	30,542	30,182	13,599	13,316

2000							
製造業	94,940	2,653,234	46,235	564,952	559,526	219,500	264,156
第一次金属（鉄鋼類）	2,065	107,903	2,269	45,516	45,083	14,271	27,331
電気電子機械	9,442	469,661	8,935	128,359	126,519	53,244	52,614
輸送用機械	3,997	301,069	7,190	73,579	73,136	28,914	37,407
医療・精密・光学機器	2,196	46,470	672	5,051	4,972	2,379	1,601
化学物・化学製品	2,779	150,710	3,369	59,331	58,930	22,154	37,609
繊維・衣類(皮革カバン、靴を除く)	17,837	373,153	4,663	33,445	33,093	14,677	14,310

2005							
製造業	114,133	2,866,068	71,103	851,927	848,622	312,890	287,506
第一次金属（鉄鋼類）	2,734	119,571	3,885	84,610	82,954	25,717	28,991
電気電子機械	11,801	560,501	14,769	183,895	184,105	80,230	67,390
輸送用機械	4,643	360,976	13,051	132,316	132,298	43,337	40,604
医療・精密・光学機器	3,042	57,852	1,199	8,025	7,972	3,595	2,352
化学物・化学製品	3,790	143,679	4,464	85,880	85,736	29,488	32,331
繊維・衣類(皮革カバン、靴を除く)	17,107	263,476	4,289	31,515	31,435	13,599	9,944

2007							
製造業	58,902	2,507,906	72,944	948,729	944,800	329,067	313,127
第一次金属（鉄鋼類）	2,123	119,566	4,441	102,655	101,774	26,317	35,000
電気電子機械	7,523	521,161	15,726	203,370	203,309	86,280	76,677
輸送用機械	4,144	403,162	16,028	170,673	169,870	57,260	50,396
医療・精密・光学機器	1,669	56,765	1,402	11,015	10,940	4,631	3,120
化学物・化学製品	2,121	112,415	4,029	87,652	87,270	25,237	31,057
繊維・衣類(皮革カバン、靴を除く)	6,505	180,332	3,454	27,050	26,794	11,254	8,159

2008							
製造業	55,573	2,454,417	75,010	1,123,092	1,113,410	367,685	351,049
第一次金属（鉄鋼類）	2,151	125,077	4,820	131,408	128,777	33,995	38,296
電気電子機械	7,008	496,517	16,137	225,738	225,147	93,023	81,002
輸送用機械	3,999	408,271	16,524	194,138	193,093	62,652	58,642
医療・精密・光学機器	1,643	53,298	1,321	10,070	9,967	4,337	2,940
化学物・化学製品	2,046	113,169	4,115	109,850	108,593	29,056	34,443
繊維・衣類(皮革カバン、靴を除く)	5,869	165,356	3,352	28,492	28,162	11,476	8,915

2009							
製造業	55,110	2,452,967	76,098	1,122,064	1,123,075	374,533	379,313
第一次金属（鉄鋼類）	2,148	124,256	4,647	112,462	113,733	26,873	43,390
電気電子機械	6,873	503,760	16,661	261,372	260,557	106,918	84,420
輸送用機械	3,972	401,109	16,683	198,654	198,729	62,442	66,415
医療・精密・光学機器	1,679	55,454	1,390	10,263	10,205	4,580	3,285
化学物・化学製品	2,453	139,376	5,184	119,383	119,653	36,604	38,655
繊維・衣類(皮革カバン、靴を除く)	5,718	164,230	3,413	30,464	30,485	12,493	9,196

（注）1997年、2000年、2005年の企業体数は5人以上の企業・事業所の数、2009年は10人以上の企業体を数値として集計している。また1億ウォン以下の額は切り捨てている。

（出所）統計庁（http://www.kosis.kr/）参照。

（経済活動人口）をみてみると、中小企業における雇用者数比率は92％にものぼり、300人以上の大企業における同比率はわずか8％となっている。そして、韓国経済の要である製造業部門の大企業が雇用している労働者数（賃金労働者）の割合は、同上経済活動人口全体比にするとわずか3％ほどである（図1－3）。

このような生産性の変化は、労働・雇用へのしわ寄せとなって顕著にあらわれる。つまり、上述したとおり労働・雇用形態などの変化で対応を迫っているのである。

韓国では、政府や研究所、各論者によって正規および非正規労働者に対する定義が様々で厳密な比較が難しいとされている。韓国統計庁によると[6]、満15歳以上の労働可能人口を「経済活動人口」とし、就業者と失業者に区分される。就業者は、賃金労働者（自身の労働に対する賃金、俸給、日当などいかなる形態であれ働く代価を支給される労働者）と、非賃金労働者（雇用元がある自営業者、雇用元がない自営業者、無給の家族従事者の形態における労働者に該当）の分類となる。また、経済活動人口就業者の7割ほどを占める賃金労働者は、常用労働者（雇用契約期間が1年以上の場合、あるいは所定の採用手続きによって入社し人事管理規定を適用された労働者）と臨時労働者

[6] 以下同段落における定義は、統計庁（http://www.kosis.kr/）より引用・援用。

図 1-2　全産業における大企業と中小企業の雇用者数 2009 年

（経済活動人口、1,000 人）

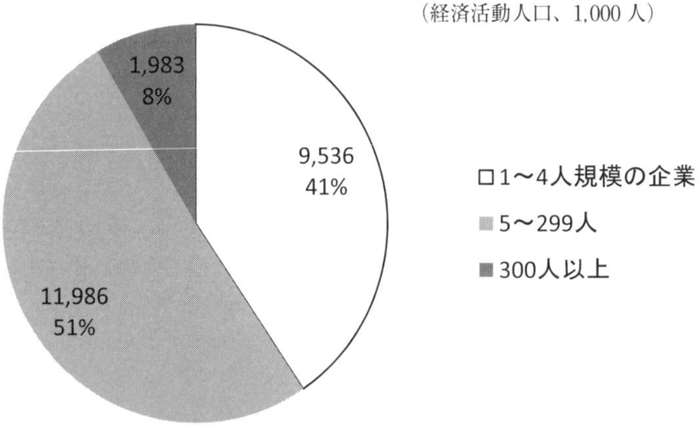

（出所）統計庁（http://www.kosis.kr/）参照、作成。

図 1-3　製造業における大企業と中小企業の雇用者数 2009 年（賃金労働者、人）

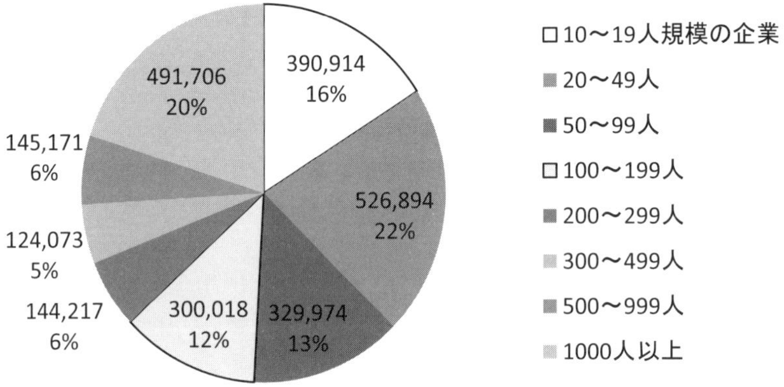

（出所）統計庁（http://www.kosis.kr/）参照、作成。

（雇用契約期間が１か月以上１年未満の場合、もしくは一定の事業［完了１年未満］の必要に応じて雇用された場合）、日雇い労働者（雇用契約期間が１か月未満である労働者、毎日毎日雇用され労働の代価を日給あるいは日当でもらう労働者）に類別されている。他方で、同賃金労働者は、正規労働者と非正規労働者にも区分されている。非正規労働者は、限時的労働者（労働契約期間を定めた労働者［期間制労働者］、もしくは取り決めていなかった契約の更新によって継続して働くことができる労働者と非自発的事由で継続的な勤務を期待することができない労働者［非期間制労働者］を含む）、期間制労働者（職場で勤務するために決められた所定の労働時間が、同一事業所で同じ業務を遂行する労働者の所定の労働時間より１時間でも短い労働者で、通常１週間に36時間未満の労働が決められている場合が該当）、非典型労働者（派遣労働者、用役労働者、特殊形態従事者、家庭内［在宅・家内］労働者、日雇い［短期］労働者）の構成となっている。こうした点をふまえた雇用状況は表１−３と表１−４に示すことができる。

表１−３では、常用労働者を正規雇用労働者、臨時労働者および日雇い労働者を非正規雇用労働者とすると、正規雇用は2000年代半ば以降、顕著に増加（2003年８月723万人→2005年８月792万人→2010年８月1015万人、以下カッコ内同順）しているということがわかる。次に、表１−４から、その推移を産業部門別にも検討してみよう。同表では、2000年代初頭より一貫して正規雇用（954万人→948万人→1136万人）が非正規雇用（460万人→548万人→568万人）を大きく上まわっている。だが、韓国経済を支える製造業部門においては、非正規雇用が改善傾向（60万人→71万人→52万人）にあるものの、正規雇用の対全体の比率では同部門の正規雇用の雇用吸収率（30.0％→28.7％→26.0％）が減少しており、一方で社会間接資本およびその他サービス業部門に雇用（正規職：662万人→671万人→833万人、非正規職：390万人→465万人→504万人）が生まれている。

いずれも非正規雇用が正規雇用の創出にあわせて減っているとはい

表 1-3　2000 年代の雇用状況整理表①（単位：1,000 人）

	2001 年 8 月	2002.8	2003.8	2004.8	2005.8	2006.8	2007.8
賃金労働者	13,540	14,030	14,149	14,584	14,968	15,351	15,882
常用労働者	6,706	6,851	7,236	7,700	7,926	8,243	8,763
臨時労働者	4,613	4,806	4,872	4,813	4,879	5,018	5,044
日雇い労働者	2,221	2,372	2,041	2,071	2,164	2,090	2,075

（出所）統計庁（http://www.kosis.kr/）参照、作成。

表 1-4　2000 年代の雇用状況整理表②（単位：1,000 人）

		2003 年 8 月	2004.8	2005.8	2006.8	2007.8	2008.8	2009.8	2010.8
農業、林業及び漁業	賃金労働者	140	143	146	125	146	143	162	170
	正規	37	35	32	28	47	46	53	50
	非正規	103	108	114	97	99	97	109	120
	限時的	64	66	64	55	44	47	35	53
	期間制	22	24	32	25	26	28	21	29
	非典型	37	44	47	42	54	48	70	65
鉱工業	賃金労働者	3,482	3,507	3,447	3,378	3,376	3,374	3,242	3,501
	正規	2,880	2,689	2,735	2,699	2,683	2,816	2,715	2,978
	非正規	602	818	712	679	693	558	526	523
	限時的	463	628	580	555	550	436	391	395
	期間制	107	108	93	94	85	85	99	94
	非典型	168	207	137	137	152	110	117	104
製造業	賃金労働者	3,469	3,496	3,433	3,365	3,360	3,352	3,222	3,482
	正規	2,868	2,680	2,723	2,688	2,670	2,796	2,699	2,962
	非正規	601	816	710	677	690	555	523	520
	限時的	462	626	578	555	548	434	389	393
	期間制	107	108	93	93	85	85	99	94
	非典型	168	207	137	136	150	110	116	103
社会間接資本及びその他サービス	賃金労働者	10,527	10,934	11,375	11,848	12,360	12,586	13,075	13,377
	正規	6,625	6,466	6,719	7,167	7,450	7,796	7,957	8,334
	非正規	3,901	4,468	4,656	4,681	4,910	4,790	5,118	5,042
	限時的	2,486	2,903	2,970	3,016	2,952	2,805	3,080	2,833
	期間制	800	939	919	1,016	1,090	1,116	1,306	1,497
	非典型	1,472	1,698	1,723	1,755	2,003	1,979	2,096	2,121
建設業	賃金労働者	1,318	1,300	1,327	1,353	1,393	1,396	1,324	1,388
	正規	481	478	489	567	586	629	598	669
	非正規	837	822	838	786	807	767	727	719
	限時的	509	489	459	435	354	307	234	189
	期間制	74	95	80	93	82	72	82	85
	非典型	341	348	389	356	458	465	499	524
卸小売、飲食・宿泊業	賃金労働者	2,804	2,880	2,966	2,978	3,114	3,036	3,032	3,150
	正規	1,824	1,772	1,773	1,926	2,008	1,970	1,977	2,093
	非正規	980	1,108	1,193	1,052	1,106	1,066	1,055	1,057
	限時的	597	692	762	666	616	574	504	440
	期間制	310	355	357	361	403	395	463	515
	非典型	301	324	331	289	329	295	342	314

008.8	2009.8	2010.8	2011.8	2012.8
6,104	16,479	17,048	17,510	17,734
9,107	9,472	10,151	10,710	11,203
4,970	5,117	5,122	5,031	4,935
2,027	1,890	1,775	1,769	1,595

事業、個人、公共サービス、その他	賃金労働者	4,829	4,837	5,121	5,458	5,741	6,061	6,626	6,688
	正規	3,192	2,962	3,151	3,334	3,466	3,758	3,887	3,987
	非正規	1,637	1,875	1,970	2,124	2,275	2,303	2,739	2,701
	限時的	1,129	1,316	1,358	1,471	1,555	1,561	2,027	1,927
	期間制	380	437	436	506	552	603	720	850
	非典型	607	736	726	823	902	915	960	997
電気、運輸、通信、金融	賃金労働者	1,576	1,917	1,961	2,060	2,111	2,094	2,903	2,151
	正規	1,129	1,255	1,306	1,341	1,389	1,439	1,496	1,585
	非正規	447	662	656	719	722	655	598	566
	限時的	252	407	391	444	428	363	315	277
	期間制	37	53	46	56	53	45	42	47
	非典型	224	289	277	287	314	305	295	286
計	賃金労働者	14,149	14,584	14,986	15,351	15,882	16,104	16,479	17,048
	正規	9,542	9,190	9,486	9,894	10,180	10,658	10,725	11,362
	非正規	4,606	5,394	5,483	5,457	5,703	5,445	5,754	5,685
	限時的	3,013	3,597	3,615	3,626	3,546	3,288	3,507	3,281
	期間制	929	1,072	1,044	1,135	1,201	1,229	1,426	1,620
	非典型	1,678	1,984	1,907	1,933	2,208	2,137	2,283	2,289

（注）非正規職の合計は、同構成の職によって重複することがあり一致しない。限時的労働者、期間制労働者、非典型労働者の説明については、本文を参照されたい。
（出所）統計庁（http://www.kosis.kr/）参照。

えず、かつサービス業において非正規雇用が増大しているという事態は、製造業を基盤にした雇用環境の本質的な整備がなされているとは言い難く、**部門間にまたがった雇用編成の組み替え**にしかすぎない。

韓国の非正規雇用の実態について、韓国労働社会研究所のキム・ユソンは、同上統計庁の資料からその集計方式の状況を明らかにし、鋭い分析を行っている[7]。図１−４によると、賃金労働者のうち正規雇用

7　韓国労働社会研究所（http://klsi.org/）参照。例えば、（同ウェブサイト内）［キム・ユソン 2012：35］表 26 より、統計庁の「経済活動人口調査・付加調査」から非正規職の集計方式を補足表１−１のように提示している。

図 1-4　2000 年代の雇用状況整理表③

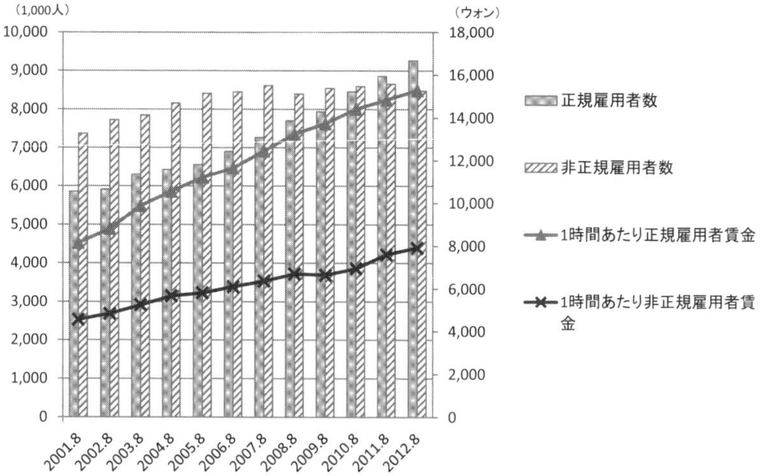

(出所)［キム・ユソン 2010：218、228］より図 1、図 5、および韓国労働社会研究所(http://klsi.org/)［キム・ユソン 2012：4、18］より図 1 と図 18（2013 年 8 月 7 日閲覧）参照、作成。

対非正規雇用の割合（%）の推移は、2001 年 8 月 44.3：55.7、2005 年 8 月 43.9：56.1、2010 年 8 月 49.6：50.4、2012 年 8 月 52.2：47.8、と 2010 年代に入って徐々に改善されつつも、その賃金格差は（2001 年 8 月正規雇用 8139 ウォン、非正規雇用 4546 ウォン→ 2010 年 8 月正規雇用 1 万 4401 ウォン、非正規雇用 6951 ウォンと）拡大するばかりである［キム・ユソン 2010；2012］。さらに、法定最低賃金に満たない階層が 2001 年 8 月 58 万人（賃金労働者に対する割合 4.4%）→ 2005 年 8 月 121 万人（8.1%）→ 2010 年 8 月 195 万人（11.5%）→ 2012 年 8 月 170 万人（9.6%）と、近年になって減少基調にあるものの、2009 年 3 月には 222 万人（13.8%）を記録したこともあり、雇用の長期的改善傾向とはいえず深刻である［キム・ユソン 2010；2012］。それは、全体の労働者数に対する割合が 2〜3 割の製造業では非正規雇用の増加を食い止め、同割合 7〜8 割を占める社会間接資本およびサービス業で非正規雇用を生みだしている中での構図でもある［キム・ユソン 2008：67］。また、国民年金や健康保険、雇用保険といった社会保険加入率において、非正規雇用は正規雇用の半分の割合となっている[8]。

2000年代、全体平均の失業率は政府公式統計上、3～4%と提示されているが、「事実上の失業者」（週18時間未満の労働者、求職断念者、就職準備者）は495万2000名で、失業率18%という数値も出されている[9]。

こうした韓国の労働における非正規化について、「期間制雇用のように、比較的高い専門性や技術・熟練に基づいた一部の安定定期雇用を除けば、韓国の非正規労働者は、一般臨時職をはじめとして、低賃金・長時間労働を特徴とするインフォーマルな性格の強い労働者が多いことが確認された。これらの労働者の多くは、5人未満の零細企業に従事するため、解雇規制も適用されず、明示的な雇用契約も結ばれない、不安定で、流動性の高い雇用を特徴とする。（…）そのうえ雇用の不安定性に規定されて、インフォーマリティの強い韓国の非正規労働者は、労働法及び社会保障制度、労働組合の保護や規制からも排除されていて、『社会的脆弱階層』（政府区分の臨時・日雇い型正規労働者）と重なる部分が大きい。これらは、都市零細自営業層や非労働人口、失業者とも循環・交流関係を持ち、都市下層（開発年代に形成された労働市場）と連続性や共通性を有するのである」（カッコ内引用者）［横田 2012：206］と指摘されており、いわばこれらを包括した「周辺労働者層」の存在が［横田：2012］、グローバリゼーション下の韓国経済における生産過程の動力のひとつとなっている。

最後に、上述した点をふまえ、韓国経済を牽引する主要財閥企業における賃金構造の特徴について、その所得格差を指摘しておこう［キ

8　統計庁（http://www.kosis.kr/）参照。

9　企画財政部（http://www.mosf.go.kr/）「（報道解明）事実上の失業人口495万2,000人（事実上の失業率18%）は誇張された数値」参照（2012年3月14日閲覧）。この資料では、政府はこの数値が報道（2010年3月）されたことに関して、誇張されたものであると反論している。

表1-5　2012年主要財閥企業における賃金構造の特徴（単位：100万ウォン）

	役員1人あたり平均年俸（A）	職員1人あたり平均年俸（B）	年俸差異（A／B［倍］）	平均勤続年数
サムスン電子	5,201	69.7	74.6	9.0
現代自動車	2,299	94.0	24.4	17.5
LG	2,513	64.6	38.9	3.0
SK	5,181	86.0	60.2	10.1
ロッテ（ショッピング）	1,240	33.2	37.3	3.8
ポスコ	1,141	79.0	14.4	18.0
現代重工業	589	75.4	7.8	17.9
GS	916	64.0	14.3	4.3
韓進（ハンジン）	500	40.4	12.3	9.5
ハンファ	2,117	40.0	52.9	10.0
斗山	1,505	60.5	24.8	8.2

（注）表中の役員とは、韓国語表記で登記役員（社内役員・社内理事、各企業2〜5人）のことである。各財閥において、グループとして事業報告書が提出されている場合、同報告書を参照。それ以外は個別企業として事業報告書を参照。各事業報告書における、同表の数値詳細（算出留意事項等）については、それぞれ記述がある場合とない場合があるため、下記出所より参照されたい。

（出所）金融監督院電子公示システムウェブサイト（http://dart.fss.or.kr/）より、各財閥グループおよび企業が提出している「事業報告書」を参照、作成。

ム・ヨンモ 2012：194-299］。表1－5である。明白な点は、役員（理事職以上）と一般社員（部長職以下と、生産および販売職など）における平均年俸差が、極めて大きいことである（例えば、サムスン電子74.6倍、現代自動車24.4倍、LGグループ38.9倍、SKグループ60.2倍）。同時に、この4大財閥と他財閥間における一定程度の給与格差も把握できる。また、いずれの企業においても平均勤続年数が長いとはいえず（表中企業では3.0年〜17.9年）、一般社員にとっては安定的な給与および福利厚生などを受けにくい状況となっている。こうした特徴について、「（総帥を筆頭として、）大株主と高位管理職（役員）の資本家と、ホワイトカラーである新中産層（管理・事務職）、および生産職である労働者の間には、収入額の差異が非常に大きく、階級葛藤が常に存在している」（カッコ内および傍点引用者）［キム・ヨンモ 2012：262-263］[10]と言及されている。

補足表 1-1　正規・非正規雇用の集計方式（2012年8月）

			本調査		小計
			常用	臨時・日雇い	
付加調査	設問項目なし	典型	④ 9,257（52.2）	① 2,566（14.5）	①+④ 11,823（66.7）
	限時、時間、派遣、用役、家内、呼び出し労働、特殊雇用形態	非典型	③ 1,946（11.0）	② 3,964（22.4）	②+③ 5,910（33.3）
小計			③+④ 11,203（63.2）	①+② 6,530（36.8）	賃金労働者計 17,733（100.0）

（注）労働社会研究所の非正規雇用＝①＋②＋③、労働部などの非正規雇用（非典型）＝②＋③、統計庁の非正規雇用（臨時・日雇い）＝①＋②
（出所）［キム・ユソン 2012：35］、表26。

こうして韓国が形づくられていく。大企業で働く正規労働者はごくわずかで、サービス部門も含めた下請け系列・中小企業で働く労働者が大部分である。産業間で差別化が図られ、地域が選別化され、階層・階級間の賃金格差は著しく表出する。グローバル化や新自由主義を背景にしたこのような構造は、「二極化」以上の状況である。韓国社会を分析しつづけている文京洙は、以下のように言及している。「IMF事態と呼ばれる未曾有の危機を経て、韓国社会は知識・情報・サービスを中心とする脱産業社会への道をまっしぐらに進んだ。2000年代の半ばには経済の成長の勢いは回復したが、雇用率は逆に減少するという“雇用衝撃”が明らかとなり、いわゆる『雇用なき成長』が韓国経済の体質となった。少子高齢化に加えて、若者の就職難、非正規雇用やワーキングプア、ホームレスが増大し、『雇用なき成長の時代』に特有の社会的病理が韓国でも蔓延し始めている。2010年に実施されたセンサス（『人口住宅調査』）では、一人世帯（23.9%）と二人世帯（24.3%）が全世帯の半分近くを占め、地縁や血縁に根ざすコミ

[10] ただし、引用文中の「(役員)」の部分は原文のまま。

ュニティや家族の崩壊、つまり日本で『無縁社会』、『孤絶社会』と言われるような危機の様相が深まっている」〔文京洙 2012：365〕のである。

おわりに

21世紀になった今日でも、資本の増殖運動はとまらない。リーマンショックを契機とした世界的な経済不況は、韓国社会にも打撃を与えた。その影響で、2009年には双竜自動車（国内自動車業界販売量第5位）が破綻、2011年2月には釜山貯蓄銀行（国内貯蓄銀行業界資産第1位）が営業停止、他方、2008年には米国産の牛肉輸入反対に際して、当時の李明博政権を批判する大規模な「ろうそくデモ」や集会が、また2011年には大学の「授業料半額」運動が繰り広げられるなど、ここ数年、あらゆるところで多くの市民が行動を起こしている。

韓国の民主化、そしてあるべき市民社会について論究してきた曺喜昖は、「ポスト民主化」を提示する。曺喜昖は、前政権であった李明博政府を「新保守政権」とし、これまで20年間歩んできた民主化した社会とは相違する状況で移行時期——「ポスト民主化というのは、独裁体制を改革する民主改革運動が支配的地位を有する状態から、独裁の遺産剔抉によって過去の矛盾が一定程度解消され、ポスト開発資本主義による新たな矛盾が支配的になる状態へ移行すること（…）蝋燭デモは、まさに民主化以降の新しい矛盾——ポスト開発資本主義と新自由主義的地球化の新たに提起されてきた矛盾——に対処する新しい運動を表現している」〔曺喜昖 2011：45〕と述べている。そこには、「既存の組織化された運動を飛び越える大衆の主体的な参加と抵抗的主体性が表現」〔曺喜昖 2011：49〕されており、かつての「統一性の連帯」から近年の「差異の連帯」へ、その「差異の運動」が重視・尊重され、同時に時代的な共通課題（グローバリゼーションや新自由主義への対抗）を捉えることで、新たな連帯性の構築に向かう核心的な挑戦に、韓国市民社会は直面している〔曺喜昖 2011：50-51〕、のである。

マクロ経済指標では、韓国は先進国並みの「経済大国」である。だが、「豊かさ」のなかでわれわれにとって一見「自由」に見えつつも、それは資本家が舵を取る市場の自由に身をおいた熾烈な競争社会——20代の平均月給7万円を形容した「八八万ウォン世代」という呼称も生み出す［禹晳熏・朴権一 2009］。日本で言うところのフリーターやニートをはじめ、パート、アルバイト、日雇い、派遣、請負いなどの非正規雇用も増大し、20代の失業率およそ10％と記録されている以上の実感である[11]。そして「二パーセントの勝者と九八パーセントの敗者が永遠に出会えない」［禹晳熏・朴権一 2009：309］社会。さらに、こうした社会は「希望を絶望に変えるというより、希望を『販売』」［禹晳熏・朴権一 2009：299］して進行しており、巧みなマーケティングやマネジメントのなかで展開されている。1997年以後、「企業社会」「企業国家」ともいわれる韓国は［キム・ドンチュン 2010］、2014年にサムスン電子の4月期以降の減収減益をめぐって、「サムスン・ショック」、「ギャラクシー・ショック」と描出された。

われわれは、今後の韓国経済にどのような展望を抱けばいいのだろうか。本書で展開されているアジア・アフリカの現状を想起しつつ、韓国の物語をもう一度振り返ろう。「南北の分断国家は、このように第二次世界大戦後の東西強大国（米・ソ）の冷戦によって生まれた。それは、668年の統一新羅樹立いらい、初めての分断国家の悲劇をもたらした。1950年6月25日、朝鮮民主主義人民共和国の人民軍が38度線を突破して、6・25動乱が勃発、同族が銃を向け合って戦う」［金両基 1989：291］。

21世紀、よりよい未来を描いてこの物語のつづきが書けるだろうか。

---

11 数値は統計庁（http://www.kosis.kr/）参照。

参考文献

（日本語）

禹晳熏・朴権一［金友子・金聖一・朴昌明訳］（2009）『韓国ワーキングプア　88万ウォン世代―絶望の時代に向けた希望の経済学』明石書店。

大津健登（2014）「韓国の経済発展に関する研究―グローバリゼーション下の韓国資本主義―」（2013年度博士学位請求論文）明治大学。

金両基（1989）『物語 韓国史』中央公論新社。

キム・ユソン［大畑正姫訳］、一橋大学フェアレイバー研究教育センター［10］（2008）「韓国の非正規雇用の規模とその実態―統計庁の『経済活動人口調査・付加価値調査』の結果から」自由法曹團編『労働法律旬報』第1674号。

高龍秀（2000）『韓国の経済システム――国際資本移動システムの拡大と構造改革の進展――』東洋経済新報社。

――― （2009）『韓国の企業・金融改革』東洋経済新報社。

曺喜昖［朴鍾碩訳］（2011）「韓国の民主化以降の市民社会運動の複合的分化と最近の変化の様子」札幌学院大学総合研究所『札幌学院法学』第28巻第1号。

文京洙（2012）「戦後日韓関係と市民社会の課題―100年の葛藤を超えて―」藤田和子・松下冽編著『新自由主義に揺れるグローバル・サウス―いま世界をどう見るか―』所収、ミネルヴァ書房。

横田伸子（2012）『韓国都市下層と労働者―労働の非正規化を中心に―』ミネルヴァ書房。

涌井秀行（1989）『アジアの工場化と韓国資本主義』文眞堂。

―――― （2005）『東アジア経済論―外からの資本主義発展の道』大月書店。

―――― （2013）『ポスト冷戦世界の構造と動態』八朔社。

（韓国語）

キム・ギウォン（2000）「金大中政府の構造調整政策」ソウル大学民主化のための教授協議会『金大中政府の構造調整政策：評価と課題』。

キム・サンジョ（2010）「財閥中心体制の限界：経済力集中深化および閉鎖的支配構造の弊害と克服方案」アン・ヒョニョ編『新自由主義時代の韓国経済と民主主義』ソニン。

キム・ドンチュン（2010）「韓国型新自由主義と企業国家への変化―李明博政府下の韓国の政治経済」セオル文化財団『黄海文化』第66巻。

キム・ムンジョ（2008）『韓国社会の二極化―97年アジア通貨金融危機と社会の不平等』チプムンダン。

キム・ユソン（2010）「非正規職の規模と賃金不平等の推移」アン・ヒョニョ編『新自由主義時代の韓国経済と民主主義』所収、ソニン。

キム・ヨンモ（2012）『韓国資本家階級の研究』コホン。
クン・ミンホ（2011）「国家主導から企業主導へ：IMF 管理および通貨金融危機以後の国家と財閥との関係変化」韓国人文社会科学会『現状と認識』第 35 巻第３号。
チャ・スンヒ（1998）「世界化と IMF 時代の韓国経済 再跳躍のための政策課題」全南大学アジア太平洋地研究所『アジア太平洋地域研究』第１巻第１号。
チョン・イヌ（2002）「韓国財閥の経済力集中問題と市場親和的経済政策の模索」威徳大学アジア太平洋研究所『亜太研究』第１号。
パク・チョンイク（2001）「経済危機以後 韓国の貧困問題と貧困政策」大邱大学校社会科学研究所『社会科学研究』第９号第３巻。

（統計）
統計庁『鉱業・製造業統計調査報告書』（各年版）

（ウェブサイト）
韓国銀行（http://www.bok.or.kr/）
韓国労働社会研究所（http://klsi.org/）
企画財政部（http://www.mosf.go.kr/）
金融監督院（http://www.fss.or.kr/）
統計庁（http://www.kosis.kr/）

（ウェブサイト内資料）
企画財政部「（報道解明）事実上の失業人口 495 万 2,000 人（事実上の失業率 18%）は誇張された数値」企画財政部（http://www.mosf.go.kr/、2012 年３月 14 日閲覧）。
キム・ユソン（2012）「非正規職の規模と実態―統計庁‘経済活動人口調査’（2012 年８月）の結果から―」11 月、韓国労働社会研究所（http://klsi.org/、2013 年８月７日閲覧）。

第2章　南アジア―多国籍企業とバングラデシュ縫製産業

深澤光樹

はじめに[1]

バングラデシュ人民共和国（以下バングラデシュ）はインド亜大陸の東端、ベンガル湾が形作る三角形の頂点に位置する南アジアの国である。世界の最貧国の一つに数えられるバングラデシュでは国民の約30％が貧困層であり、改善傾向にあるものの貧しさは大きな問題として立ちはだかる［Bangladesh Bureau of Statistics 2011：61］[2]。かつて「停滞のアジア」として描かれたベンガルであったが、バングラデシュは2000年代に入ってから6％台の経済成長を維持し、今後も同レベルの成長が予想されている[3]。またバングラデシュはBRICsに続く新興経済国として世界の注目を集めており、ゴールドマン・サックス

1　本稿は［深澤 2014a］を加筆・修正した論考であり、2014年度博士学位請求論文「途上国経済の構造分析―バングラデシュ経済の事例研究―」（仮）の一部を構成するものである。

2　数字は2010年。バングラデシュではベーシックニーズ費用法（Cost of Basic Needs：CBN）を用い、貧困率（Head Count Rate：HCR）を算出している。CBNでは一日に必要とされる栄養（2122キロカロリー）を満たすための11種類の食材を選定しており、それらの購入費用を基に食糧貧困線を設定している。同時に食糧貧困線に近い世帯が必要とする非食料にかかる費用を算出し、非食糧貧困線を設定している。バングラデシュの貧困層では食糧貧困線と非食糧貧困線を合算した費用以下の生活を送る層を指す［Bangladesh Bureau of Statistics 2011：59-61］。

（Goldman Sachs）にはNEXT11、またマッキンゼー（McKinsey）にはFronteer5と称され、有望な投資国の一つとして位置付けられている［Willson and Stupnytska 2007：2；Mowat and Gordon 2007：3］。

バングラデシュの経済を支えるのは、GDPのおよそ11％に相当する海外送金流入と、全輸出の約81％、GDPの約19％を占める衣類製品輸出である[4]。特に国内経済成長の機動力としては縫製産業の存在が非常に大きく、外貨のほとんどは衣類製品によってもたらされる[5]。世界貿易機関（World Trade Organization：WTO）の2013年度世界衣類輸出ランクによれば、バングラデシュは中国、イタリアに次ぐ世界第3位の座にあり、衣類製品の一大生産拠点を成している[6]。

バングラデシュが位置する東ベンガル地方の中でも現在の首都にあたるダッカは、ダッカ・モスリン織やキャラコを特産品として、かつて世界にその名を知られていた。18世紀当時のダッカには高度な技術を持った織物職人が集まり、彼らが作る織物は世界中で重宝され

3　渡辺は、後発の利益で先進国の経済にキャッチアップを達成した韓国や台湾の経済と異なり、アセアン諸国やアジアの後進国は主に先進諸国の投資を伴ってもたらされる工業化によって十分な雇用機会を提供することができず、バングラデシュのような国では伝統的な農村経済が崩壊するにつれて行き場のない貧困が生まれるというシナリオを描いている（［渡辺1985］を参照）。バングラデシュでは緑の革命によって農村において増加し続ける人口を吸収する作用がある程度働き、また縫製産業を中心とする軽工業の発展をみれば、描かれた悲観論は再考されるべきともいえるだろう。しかし緑の革命を経て、生産性と土地への人口圧力は既に限界に達しており、農村の非農業就業者は増加傾向にある（［深澤2013b］を参照）。本稿では縫製産業が孕む脆弱性に触れることにより、バングラデシュの今後を描くための下地を提供したい。

4　海外送金と衣類製品輸出額に関してはBangladesh Bank, *Home, Economic data, Balance of Payments, Balance of Payments*［*Annual data*］（http://www.bangladesh-bank.org/econdata/bop.php　2014年12月6日　閲覧）を参照。2013年度のGDP（1298億5660万5445ドル）はWorld Bank, *Data, World DataBank, World Development Indicators*（http://databank.worldbank.org/data/views/variableSelection/selectvariables.aspx?source=world-development-indicators　2014年11月6日　閲覧）を参照。

た[7]。現在バングラデシュは衣類製品の輸出国として再び世界にその名を知らしめることとなったが、これはかつての栄光を取り戻したといえるのだろうか。現在のバングラデシュが生産する衣類製品は土着の、伝統的な技術によって生産されるものではない。それでは現在の

---

5 山形によれば、「広義の繊維産業には、綿花、羊毛、といった天然繊維および人口繊維から糸を生産する紡績、糸を織ることにより布を生産する織布、糸を編むことによってニット布を生産する編み立て、糸や布に染色、布に刺繍を施す刺繍、そして布から（または糸から直接）衣類を生産する縫製といった工程を含む。狭義の繊維産業は、広義の繊維産業から縫製を除いた全ての生産工程をその範疇とする…」［山形 2013：2］としている。本稿においては、ここで述べられている狭義の繊維産業を用いるが、産業の歴史的概略の説明を行う都合上においては広義の繊維産業を用いることとする。また、衣類製品はアパレル製品と表現されることがあるが、本稿では衣類製品にて統一する。縫製産業で生産される製品を衣類製品とすることを補足として付け加えておく。

6 WTO, *resources, statistics, databases, International Trade and Market Access Data* (http://www.wto.org/english/res_e/statis_e/statis_bis_e.htm?solution=WTO&path=/Dashboards/MAPS&file=Map.wcdf&bookmarkState={%22impl%22:%22client%22,%22params%22:{%22langParam%22:%22en%22}} 2014年10月30日閲覧）を参照。

7 ポメランツ、トピックはインド産綿織物が当時どのように評価されていたのか、フランス貿易商の証言を以下のように引用している。「『カリブ海のフランス系入植者との取引は簡単だ。砂糖と交換するにはフランスの製品を持っていけばよい。アフリカの貿易商に限っては、最高品質の綿織物を要求して、フランスの製品など目もくれない。相手がイギリスの貿易商でも同様である』」［ポメランツ、トピック 2013：359］。その他にも「…インドの綿織物は、世界のどこでも通用する現金のような役割を果たしていた。…インドの美しく繊細な綿織物は、東南アジアやアフリカに拡がるに留まらず、1700年代には、オスマン帝国のシルク産業を壊滅寸前に追い込み、ペルシャ人を魅了して、巨大なヨーロッパ市場さえ席巻した」［同上：360］とあるように、東インド産の綿織物は世界を虜にしていった。1613年にイギリス東インド会社によってイギリスへ輸入されて以来、18世紀初頭にかけて人気を博するようになった綿織物はイギリス本国の国民的産業であった毛織物産業や絹織物産業にとって脅威となり、1700年にはキャラコ輸入禁止法、1720年にはキャラコ使用禁止法が制定されることとなった［秋田 2012：84］。東ベンガル地方がモノカルチャー経済化していく過程については［深澤 2013b］を参照。

バングラデシュ縫製産業はどのような経緯によって根付いていったものなのか。

現在のバングラデシュ縫製産業は、国際協定の枠の中で利益の最大化を試みる多国籍企業の生産地移転と、それによって再編成される世界規模のサプライチェーンに組み込まれる形でもたらされた。また技術移転とバングラデシュ政府による産業のバックアップが内部要因として働き、バングラデシュに縫製産業が根付いていったのである。本稿ではその構造的特徴として①輸入原料に依存し、②世界のアパレルサプライチェーンにおける組み立て加工分野に特化していることから、③国内付加価値率が低く、④女性中心の低賃金労働を利用した労働集約型かつ低付加価値製品の生産にのみ国際的な競争優位性を持つことを析出し、一見華やかなバングラデシュの縫製産業が抱える脆弱性を指摘する。

［1］国際協定の変遷と多国籍企業の展開

(1) 繊維産業の変遷と国際協定

第二次世界大戦後、1950年代に繊維産業で頭角を現したのは日本であった。日本から輸出される繊維関連製品に自国繊維産業の衰退を危惧したアメリカは、日本に対して輸出自主規制（Voluntary Export Restraint : VER）を促した。1960年代から日本における繊維関連製品の貿易シェアは次第に減少し、日本に代わって香港、韓国、台湾といったアジアの新興工業経済が繊維産業をリードしていくようになった。アジア各国から綿製品の輸出が拡大する中、関税と貿易に関する一般協定（General Agreement on Tariffs and Trade : GATT）は、1961年には短期取極（Short-Term Arrangement : STA）、そして1962年には長期取極（Long-Term Arrangement : LTA）を発効した。こうして、アメリカはアジアから流入する綿製品に制限をかけることが可能となった［JETRO 2004 : 1；リボリ 2007 : 182-185］。

綿製品を中心とした輸入制限が行われるようになったことから、アジアの繊維関連製品輸出国は化学繊維へと生産をシフトさせていった。1960～1970年代初めにかけて、化学繊維の輸入量が拡大したことに伴い、アメリカはLTAに化学繊維を含む対象品目の拡大を要求するようになる。アメリカのこのような動きにより、今度はヨーロッパでアジア諸国からの繊維製品輸入が急増し、ヨーロッパにおいても自国産業保護の声が高まりをみせた［JETRO 2004：1-2；リボリ 2007：186］。

このような中、1973年にLTAを引き継ぐ形でMFAが締結され、輸入制限の対象には化学繊維製品も加えられた。同取極は翌年発効し、度重なる更新を経て2000年代まで継続する。MFAによる輸入数量制限（数量割当）は、1995年に制定された繊維及び繊維製品に関する協定（Agreement on Textile and Clothing：ATC）によって漸進的に自由化へ向かうこととなる。これは1995年にWTOが設立されたこと、またアメリカ、ヨーロッパの国益を優先した明らかな貿易障壁への批判が高まりをみせていたことから、国内産業の保護ばかりに重点を置いた政策を取ることが困難となったためである。ATCによって2005年を目途に輸入数量制限は撤廃されることとなった［JETRO 2004：2-3；リボリ 2007：186-188；Nordås 2004：13］[8]。2005年1月をもって輸入量制限が撤廃されると、まず中国とインドの繊維製品輸出が急激な伸びをみせた。中国産製品の大量流入に対処するべく、アメリカとカナダは撤廃から一年も経たない内にセーフガードを発動させ、同様にEUも中国に自主規制を促し、緩やかな協定を結んだ。どちらも失効を2008年と定め、MFA撤廃後も実質的に輸入量制限を継続させたのであった［山形 2013：8］（表2－1参照）。

[8] 先進国諸国、具体的にはアメリカ、カナダ、EU、ノルウェーはMFAからATC体制に移行し、10年の間に計画された四段階のステップを経て数量割当を廃止することとした［Nordås 2004：13-15］。このように、繊維貿易はMFAという独自のルールではなく、GATT規律下に置かれるよう、統合が図られた［JETRO 2004：2］。

表 2-1　繊維産業に関連する主な国際協定年表

年	事項
1961	STA の発効。
1962	LTA の発効。
1974	MFA の発効。
1995	ATC 発効。
2005	アメリカ・カナダは中国に対してセーフガードを発動、EU は中国に対して輸出自主規制を促す協定を締結。

（出所）［JETRO 2004：1-3；山形 2013：6-9］より筆者作成。

(2) 低賃金労働の獲得

マルクスが述べるように、資本の蓄積を実現するためにはそれに足りる十分な労働力を常に供給しなければならない。産業予備軍と呼ばれる労働者こそが資本の蓄積と再生産に必要不可欠な要素であり、18世紀初めにイギリスにて産業資本が運動を開始してからこの事実に変化はない。資本の再生産を可能とする労働者が市場に組み込まれた事例を示すのであれば、ここ数十年では一つに中国、そしてもう一つに中央・東ヨーロッパの共産主義諸国市場が資本主義体制へ統合されたことがあげられるだろう［Harvey 2010：58］。先進国では賃金が高くついてしまう単純かつ労働集約的工程を、途上国に存在する豊富な低賃金労働者で代替する、つまり海外委託先は時代によって異なり、先進国資本や新興工業国資本が主体となって行われてきた。1950～1960年代にかけて、繊維製品生産拠点は日本であった。その後1960年代から繊維製品生産拠点は香港、韓国、台湾等のアジアの新興工業国へと移行を開始した。1980年代は主に中国そして東南アジアへと移動し、1990年代になると南アメリカや南アジア諸国へと生産拠点は移され、これらの国々からの繊維製品輸出が顕著となった［Gereffi 1999：49］。

(3) アジア資本多国籍企業の展開

1970〜1980年代後半、日本に代わって繊維衣類製品の代表的な輸出国となったのは香港、台湾、韓国であった。しかし、1985年のプラザ合意によって対ドル通貨が切り上げられたこと、また繊維協定により繊維衣類製品の輸出に上限が設けられたことにより、これら3カ国の競争力は削がれてしまうこととなった。この危機に際して香港、台湾、韓国の生産者は1980年後半〜1990年代初めにかけて拠点を輸出割当に余裕がある途上国に移転し、欧米バイヤーの注文を海外の工場で生産するという構造転換に踏み切った。この頃までに当初は労働集約型単純労働工程を担っていた香港、台湾、韓国の中には欧米バイヤーから学び、デザインから生産、販売まで自国内で手掛けるように形態を変化させる企業が誕生した。それらの企業は労働集約的な工程をその他の途上国に移転することで自国に知識集約部門を確保し、競争優位性を高めることに成功したのである [Gereffi and Memedovic 2003 : 11-14]。こうして香港、台湾は中国と東南アジアを中心に工場の移転を行い、韓国は南米、東南アジア、南アジアに進出していった [Gereffi 1999 : 60-61][9]。これまで香港、台湾、韓国で生産されていた製品は新たに生産基地となった国々において完成品に仕上げられ、欧米に輸出されるという形で一連の工程が閉じる新たなサイクルが生まれたのである。

---

9 香港は1978年に中国の市場が開放されて以来同国に工場移転を開始し、1990年代初めにかけて移転を加速化していった。韓国は輸出割当に余裕がある国を狙い南米や東南アジア、南アジア諸国に向かった。カリブ海諸国はアメリカへの市場アクセスの良さから、また東南アジアや南アジアに関しては賃金の安さが利点となり、韓国はこれらの地域に進出して行った [Gereffi 2003 : 15-16]。また香港、台湾、韓国のこの変化はCMT（Cutting, Making, Trimming）からOBM（Original Brand-Name Manufacturing）への移行と捉えられるものである。

(4) 西ヨーロッパ諸国とアメリカ

西ヨーロッパ諸国、及びアメリカはそれぞれ近隣諸国へも安価な労働力を求め、時代に応じて生産拠点を移動させてきた。西ヨーロッパ諸国は1970年代に南ヨーロッパ、特にポルトガル、ギリシャ、スペインへと生産地を移転させた。1970年代後半から1980年代初頭にかけては中央ヨーロッパから、1990年代中盤までには東ヨーロッパや地中海諸国へと移設が進んだ。ソ連社会主義体制の崩壊により1989年以降西ヨーロッパ諸国による旧社会主義体制国への生産地委託は加速化していった。またヨーロッパの制度的枠組みとして、外部加工貿易への関税優遇策は地域内の衣類製品貿易を促し、生産拠点の再配置を後押しする結果となった［Pickles and Smith 2011：171-172］。

アメリカにおける衣類製品の海外委託先は1980～2000年代にかけて変化をみせる。アメリカへの主要衣類製品輸出国は香港、台湾、韓国、中国であったが、1986～1996年にかけて香港、台湾、韓国からの輸出は減少し、主要輸出国としては中国のみその地位を維持することとなった。また同期間に生じた変化として、アメリカへの衣類輸出国が多様化するようになり、地域としては東南アジア、南アジア、中央アメリカ、カリブ海諸国が参加をみせた。特にメキシコやドミニカ共和国、ホンジュラス、バングラデシュからの輸出が伸び始めた［Gereffi 1999：65-66］。1990～2000年代かけてはメキシコが中国と同様にアメリカの主要輸出国に踊り出るが、これは1994年の北米地域同盟（the North American Free Trade Agreement：NAFTA）の制度的枠組みが後押し、アメリカが衣類生産拠点を移動させた結果だといえる［Gereffi and Memedovic 2003：19-20］。また2000年代以降は2001年に中国がWTOに加盟したこと、2005年の繊維協定撤廃が影響し、西ヨーロッパ諸国もアメリカも中国への生産拠点を移動させる、ないし中国以外のアジア諸国東南アジア、南アジアへの生産拠点移転も加速した。

このように生産過程の一工程を近隣地域ないし諸国に移動することはなにも新しい現象ではないが、1990年代以降に生じた海外生産拠点移設はそれまでと比較して種類の異なるものであるといえる。1990年代に入り、情報通信技術（Information Technology：IT）が生産管理に用いられるようになったことでもたらされた変化は大きい。ITの導入によって生産から販売に至るあらゆる過程をより効率的に一括して管理できるようになり、流行に即座に対応することが可能となった。これにより地理的に生産地が拡散していても生産工程管理上のコストはこれまで以上に削減され、「（企業にとって）『エルサルバドルで生産するのもノースカロライナ州で生産するのも、労働者のコストを除けば違いはまるでない』」［Collines 2003：41］こととなったのである。新技術に投資できる企業は益々拡大し、効率化した競争力のある製品を今までにないスピードで市場に供給するようになっていった［*Ibid*：40-41］。

［2］バングラデシュの縫製産業

（1）技術移転

MFAはアメリカ、ヨーロッパを中心とした先進諸国が、主にアジアから流入する繊維関連製品に輸入制限をかけることを目的としていた。60年代は日本、70年代には香港、韓国、台湾、そして90年代には中国といったように、時代によって移り変わる主要生産国からの製品輸入量はこれにより抑制を受けたが、バングラデシュのような、振り分けられた輸入数量枠に実際の生産量と比較してかなりの余裕がある国は、MFAによって一定の輸出が保証されたのであった［リボリ 2007：221］[10]。

1990年代にアメリカ国内で繊維産業保護の声が分裂し始めると、衣類製品小売業者は団結し、ロビー活動を通して政府にMFA撤廃による衣類製品の貿易自由化を求めるようになった［同上：198-199］。

1990年代を通して、小売業界は国内下請け会社ではなく海外からの調達を拡大し始めた［Burns et al. 2011：398］。他方、韓国、香港、台湾の企業は自国に割り当てられている以上に輸出を行うため、バングラデシュを初めとする割当上限までにまだ余裕のある途上国へと生産拠点の配置転換を開始した［山形 2013：5-7］[11]。衣類製品のバイヤーと生産者がバングラデシュ等の新たな生産拠点でお互いの利益になる接合点を見出したのである。

デシュ社は縫製産業の先駆的企業として1979年に韓国企業、大宇との技術及びマーケティング協定を結び、操業を開始した。デシュ社は120名の従業員を韓国に送り、大宇において主に男性用シャツの生産に関わる技術訓練を受けさせた。1980年、デシュ社はバングラデシュにおいて男性用シャツの生産を開始する［Khan 2009：46-47］。デシュ社の従業員達は次第に自ら縫製工場を立ち上げる、或いは他の縫製関連企業に転職する等、活動の場を移していった。ノウハウとバイヤーとの関係を持ったデシュ社の人材に対する需要は大きく、バングラデシュ縫製産業に拡散していき、韓国から培った技術の移転を加速させたのである［*Ibid*：47］[12]。後述するようにデシュ社は縫製産業を支える制度的下地を築いたという点においても重要な役割を果たした。バングラデシュの縫製産業は、デシュ社の例にみられるように外国企業との提携から始まり、その後に人材が拡散していく中で技術移転が行

---

[10] この割当により、バングラデシュはアメリカとカナダに対して輸出を拡大することができたのだが、両国から無関税の認可は得られなかった。無関税による恩恵を受けることができたのはEUに対する貿易で、それによりバングラデシュは同地域に対して繊維関連製品の輸出を伸ばすことに成功した。

[11] これらの国々は、同時に高付加価値繊維製品の生産へと移行していった。

[12] 1984年までにデシュ社創業当時の社員126人の75％がデシュ社を離れたとされている。これらの社員が技術移転をもたらし、デシュ社のように同産業を牽引する人材を生み出した。それがボンド（Bond）社である。デシュ、ボンド社出身者は縫製産業にて重宝された。尚、デシュ社の大宇との契約は1980年に終了している［Mostafa and Klepper 2011：6］。

われていった。

(2) 主な制度的枠組みと政策的支援

バングラデシュは輸出割当によって衣類製品の市場を確保することができ、特にアメリカ、ヨーロッパ諸国を二大輸出先として今日まで至る。アメリカもヨーロッパ諸国もバングラデシュに対して重要な市場を提供してきたことには変わりはないが、それぞれのバングラデシュとの関わり方は多少異なる。アメリカはバングラデシュの主要衣類製品に対して一般特恵関税（Generalized System of Preference : GSP）の待遇を与えなかったが、ヨーロッパ諸国は1971年より欧州共同体一般特恵関税（European Community-Generalized System of Preference : EC-GSP）を適用、2002年より後は武器以外全品目の関税撤廃制度（Everything But Arms : EBA）の下で輸出時の無関税を保証したのであった。バングラデシュはEBAによってヨーロッパ市場へのアクセスが有利になったが、関税免除の条件として掲げられている原産地規則は満たさなければならない課題として立ちはだかった。2004年に原産地規則が緩和されると、原産地規則を満たすことが容易なニット製品がEBAの下で輸出を伸ばしていった。2002年にヨーロッパ市場に輸出されたニット製品と布帛製品の割合は42：58であったが、2010年には66：34となった。ヨーロッパは2011年に原産地規則の更なる緩和に踏み切り、これによりバングラデシュ縫製産業にとって布帛製品も無関税の対象に組み込まれ易い状況となった［Rahman 2011：18-22］。

バングラデシュ縫製産業の成長を支えた政策的枠組みとして、主に三つの要素があげられる。一つは見返り信用状制度、保税倉庫制度、そして機械類の関税免除制度である。見返り信用状制度では、衣類製品の注文に際して海外企業が発行する輸入信用状と、バングラデシュ企業が発行する輸出信用状とが同時に開設される。これによりバングラデシュ企業は納品前に原材料の支払いを行うことができ、十分な外貨を持ち合わせていなくても注文受注によって生産が可能になった。

見返り信用状制度と合わせて、保税倉庫制度が導入されたことにより、アパレル製品に使用される原材料の輸入に際して関税負担は免除が基本となった。また機械類の関税免除制度によって縫製工場で用いられるミシン等の縫製機器を無税で入手することが可能となり、設備投資の負担が大きく軽減された。デシュ社創設者であるクワダー（Noorul Quader）を初めとする縫製産業界の政府への働きかけによって実現したとされているこれらの制度的バックアップにより、縫製工場の開設にかかる初期投資は抑えられ、縫製産業の急速な拡大を助けたのである［山形 2013：6；Mostafa and Klepper 2011：7］。

(3) バングラデシュ縫製産業の現状

国際収支表からバングラデシュ経済の特徴を析出してみると、貿易収支に大きな赤字がみられるが、多額の海外送金流入と衣類製品輸出によって経常収支が黒字に転じていることがわかる。2013年度の海外送金流入額は同年GDPの約11%、輸出額の約半分に相当する額となっており、バングラデシュ経済の特徴としてあげられる。他方で衣類製品輸出はバングラデシュの輸出品の中で最も外貨を稼ぎ、GDPの約19%に相当する[13]。

その他の主な輸出品としてはホームテキスタイルやジュート原料・製品、冷凍食品、革・革製品等があげられる。輸入品は衣類生産関連製品や石油関連製品にあたる中間財及び消費財が大半を占め、その後に鉄鋼関連製品や機械類が続く［Bangladesh Bank 2013a：89, 91］。第一次産業から第三次産業のGDPに占める割合はそれぞれ19%、31%、49

13 海外送金と衣類製品輸出額に関してはBangladesh Bank, *Home, Economic data, Balance of Payments, Balance of Payments [Annual data]*（http://www.bangladesh-bank.org/econdata/bop.php　2014年12月6日　閲覧）を参照。2013年度のGDP（1298億5660万5445ドル）はWorld Bank, *Data, World DataBank, World Development Indicators*（http://databank.worldbank.org/data/views/variableSelection/selectvariables.aspxsource=world-development-indicators　2014年11月6日　閲覧）を参照。

%で、それぞれのカテゴリーの労働者の分布は47%、17%、33%となっている[14]。衣類製品は最大の輸出品であると同時に、同製品の生産基盤である縫製産業は第二次産業における雇用創出にも貢献しており、バングラデシュの主要産業として同国の経済を特徴付けている[15]。1983年の全輸出に占める衣類製品の割合は約3.89%にすぎなかった。1988年に衣類製品は初めてバングラデシュの主要輸出品であったジュートの輸出量を抜き、以降バングラデシュの代表的な輸出製品となる［Khan 2009：43］[16]。1990年代から急速な成長を遂げ、2000年代においても1990年代を上回る勢いで縫製産業は拡大していった[17]（図2－1参照）。

バングラデシュ縫製品製造輸出業者協会（Bangladesh Garment Manufacturers and Exporters Association：BGMEA）によれば、1980年当初のバングラデシュにおける縫製工場数は30工場であった。その後急速に成長し、2013年までに4536の工場が稼働、400万の雇用者を抱えるまでに拡大した[18]（図2－2参照）。バングラデシュの就業人口は5410万人であるから、縫製工場は全体の約7%の雇用を創出していることになる[19]。縫製産業、繊維産業を含めた場合、製造業のおよそ45%の雇用が両セクターによって提供されている［Islam 2013：31］。

---

14 産業別GDPは［Bangladesh Bank 2013a：11］を参照、労働者の分布はBangladesh Bureau of Statistics, *Key Findings, Labor Force Survey 2010*（http://www.bbs.gov.bd/WebTestApplication/userfiles/Image/keyfinding/Labour%20Force%20Survey%202010.pdf　2013年8月28日　閲覧）より筆者算出、小数点以下は省略。また、労働者に関する情報は2010年の調査（最新）に基づく。

15 一次産業は農業、二次産業は工業、三次産業はサービス業と分類されている。

16 1971年の独立以来、バングラデシュの主な輸出品といえばジュートが圧倒的な地位を占めていた。しかしながら、世界の繊維市場は人口繊維の利用へと移行しつつあり、ジュートへの長期的な需要は揺らいでいた。

17 2005年の輸入数量制限撤廃にあたっては、バングラデシュのような国の縫製産業は中国やインドに市場を奪われ、衰退していくといった悲観的な見方が強かったが、そのような悲観論を打ち砕くかのように2005年以降も成長を遂げてきた。リーマンショック後の不景気も乗り切り、その後もこれまでの勢いを維持してきている。

図2-1　全輸出量に占める衣類製品輸出量の割合推移（単位：100万ドル、%）

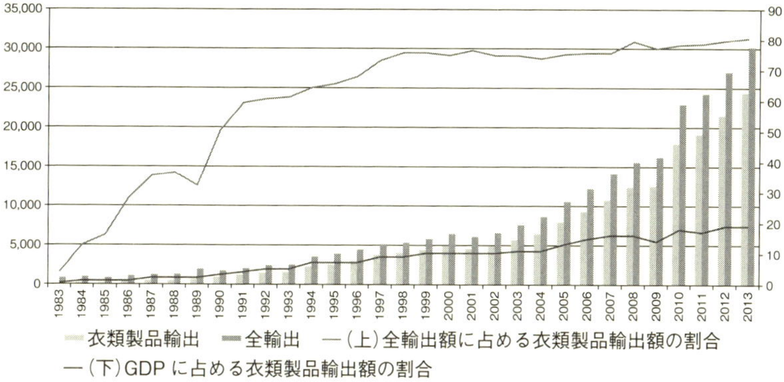

（出所）BGMEA, *Business and Trade, Trade Information*（http://www.bgmea.com.bd/home/pages/TradeInformation#.UitU1lyCi1t　2013年9月8日　閲覧）より筆者作成。

輸出加工区（Economic Processing Zones：EPZ）が縫製産業のパフォーマンスに貢献する部分も大きい。外資の誘致を目的とし、主に衣類関連製品を生産しているEPZでは38万9017人の雇用を抱えている[20]（図2-3参照）。

バングラデシュが世界市場で請け負うのは、複雑な機械設備を必要としない大量生産型の低価格製品であり、その時勢に合った最新のフ

---

18 BGMEA, *Business and Trade, Factory Growth in BD,* 及び *Number of Employee*（http://www.bgmea.com.bd/chart_test/factory_growth_in_bangladesh, 及び http://www.bgmea.com.bd/chart_test/number_of_employment_in_garment　2014年12月4日　閲覧）を参照。工場数の登録は2012年に5600件に達した。2013年4月の工場倒壊事故を境にBGMEAによる工場審査の基準が見直されたことが登録件数の減少に繋がったものと考えられる。

19 産業人口はBangladesh Bureau of Statistics, *key findings, Labor Force Survey 2010*（http://www.bbs.gov.bd/WebTestApplication/userfiles/Image/keyfinding/Labour% 20Force% 20Survey% 220201.pdf　2013年8月16日　閲覧）を参照。

20 BEPZA, *About Us, Year Wise Employment*（http://epzbangladesh.org.bd/employments　2014年12月6日　閲覧）を参照。2011年の数字では34万21人がEPZで雇用され、その内の65%が女性によって構成されていた［BEPZA 2013：5］。

図 2-2　労働者数及び工場数推移（単位：100 万人、一棟）

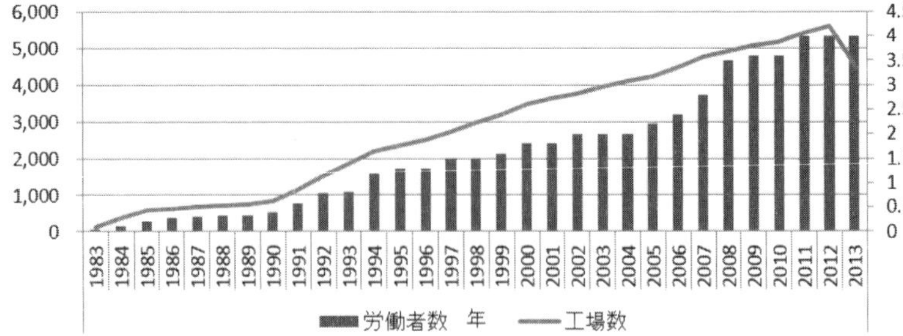

（出所）BGMEA, *Business and Trade, Factory Growth in BD,* 及び *Number of Employee*（http://www.bgmea.com.bd/chart_test/factory_growth_in_bangladesh, 及び http://www.bgmea.com.bd/chart_test/number_of_employment_in_garment 2014 年 12 月 4 日　閲覧）より筆者作成。

図 2-3　EPZ における労働者数、投資額及び輸出額の推移

（単位：万、100 万ドル）

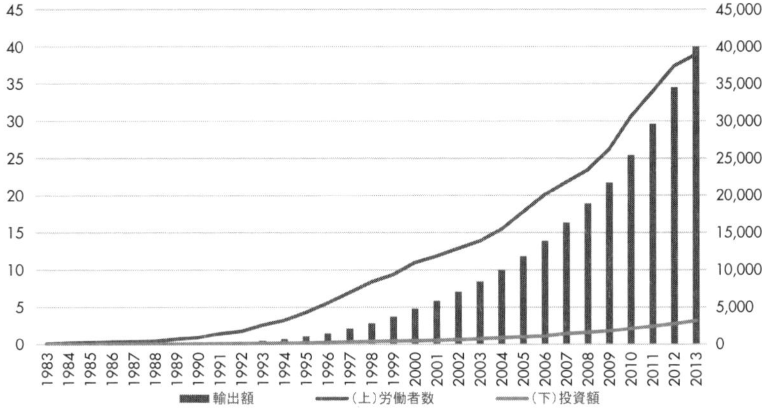

（出所）BEPZA, *BEPZA Information, Year Wise Export*
（http://www.epzbangladesh.org.bd/bepza.php?id=Yrexport　2013 年 9 月 8 日閲覧）、及び *Year Wise Employment*
（http://www.epzbangladesh.org.bd/bepza.php?id=YREMPL　2013 年 9 月 8 日閲覧）より筆者作成。2002 年、2010 年、2012 年、2013 年は各 EPZ 労働者数より筆者算出。

ァッションを反映したものというよりは実用性を売りにした製品である〔Haider 2007：17；USAID 2007：20；Rahman 2011：12〕。具体的にはシャツやズボン、ジャケット、Tシャツ、セーター等が代表的な生産品で、これらは使用される布に応じて布帛、ニットの二種類に分類される[21]（図2－4参照）。図2－5に示されているように、両製品の輸出額推移を1994～2013年の期間でみると、2004年までは緩やかな成長を遂げ、それ以降は急速に伸びていることがわかる。また、布帛の輸出が長期に渡って優勢であったことが確認できる。2007年に輸出額でニットが布帛製品を初めて上回り、以降布帛を抑えて輸出を伸ばしている[22]。

表2－2に示されているように、WTOの2013年度世界衣類輸出ランクによれば、バングラデシュは中国、イタリアに次ぐ世界第3位の座にあり、欧州、アメリカを主な輸出先とし、低付加価値の衣類加工を請け負う。一国で世界の衣類輸出の約5%を構成しており、バングラデシュにとって縫製産業は最大の外貨獲得手段であると同時に、最も雇用を創出し、同国経済の更なる発展に向けた足掛かりとして工業政策の中心に位置付けられている唯一の産業である。バングラデシュの縫製産業は今後もその勢いを保っていけるのだろうか。バングラデシュ繊維産業の市場予測では、次の10年にみられる同産業の年平均成長率は7～9%であるとしている。この予想が現実となるとすれば、2015年までに総輸出額は2倍になり、2020年までには3倍に達することになる〔McKinsey 2011：9-10〕。

---

21 布帛製品の主な例としては、シャツ、Tシャツ、ズボン、ニット製品の主な例としては、靴下、ストッキング、Tシャツ、セーター、その他の簡易な製品があげられる〔Haider 2007：7〕。

22 この傾向は輸出量でみると更に明確となる。輸出額よりも若干早めの2004年にニットの輸出量は布帛のそれを抜き、その後は金額ベースで比較するよりも大きな差をつけてニット製品の輸出量が増えていることがわかる。金額ベースと量ベースに表れるグラフの差はニット製品の方が相対的に安いため、同金額で生産される製品の量が布帛の量と比較して多いためであろう。バングラデシュの衣類製品の大まかな傾向としてはニット製品がドミナントであることが指摘できる。

図 2-4　主要製品の輸出額推移（単位：100 万ドル）

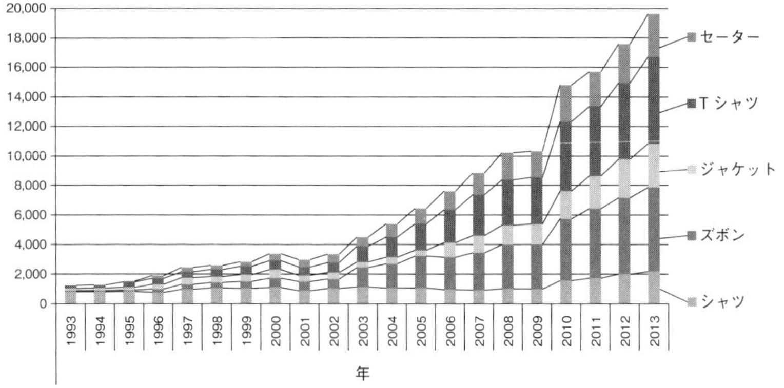

（出所）図 2－1 と同じ。筆者作成。

図 2-5　布帛製品及びニット製品の輸出額推移（単位：100 万ドル）

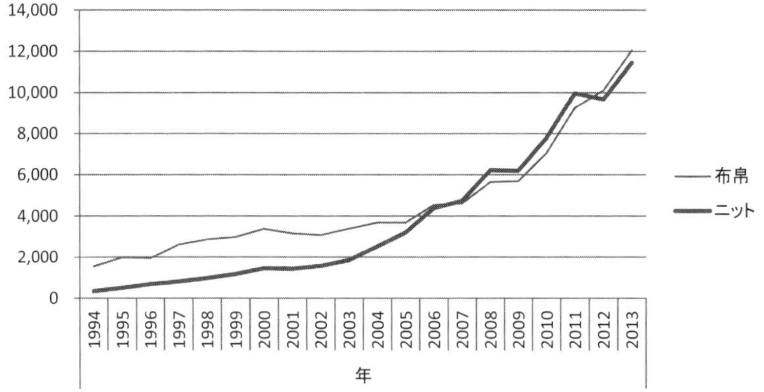

（出所）図 2－1 と同じ。筆者作成。

（4）分業工程

アパレル産業はバイヤー主導型産業と表現され、研究調査やデザイン、販売、マーケティング等の付加価値の高い分野に属する工程が、生産者と市場を繋ぐ上で中心的な役割を果たし、全行程において優位な立場にある。付加価値率が異なる分野ごとに区切ると主に、研究調

表2-2　衣類製品輸出上位10カ国（2013年）（単位：100万ドル、%）

順位	国名	輸出額	割合
1	中国	177,434.9	38.6%
2	イタリア	23,735.4	5.2%
3	バングラデシュ	23,501.0	5.1%
4	香港	21,937.2	4.8%
5	ドイツ	18,409.0	4.0%
6	ベトナム	17,230.1	3.7%
7	インド	16,842.8	3.7%
8	トルコ	15,407.9	3.3%
9	スペイン	11,543.3	2.5%
10	フランス	11,045.8	2.4%
世界合計		460,268.2	100.0%

（出所）WTO, *resources, statistics, databases, International Trade and Market Access Data*（http://www.wto.org/english/res_e/statis_e/statis_bis_e.htm?solution=WTO&path=/Dashboards/MAPS&file=Map.wcdf&bookmarkState={%22impl%22:%22client%22,%22params%22:{%22langParam%22:%22en%22}}　2014年10月30日　閲覧）を参照に作成。

査、製品デザイン、資材手配及び調達、製造、流通、販売、サービスに分けられる。アパレル産業で活動する企業はこれらの各分野の組み合わせによってサプライチェーンに組み込まれる。その大まかな組み合わせは以下のようになる［Fernandez-Stark et al. 2011：11-13］[23]。

まず裁断、縫製、仕立といった組み立て工程のみはCMT（Cutting, Making <sewing>, and Trimming）、組み立てと資材手配及び調達の工程を含む場合はOEM（Original Equipment Manufacturing）、製品デザインや資材手配及び組み立てを含む場合はODM（Original Design

23 バイヤーには小売業者やブランドマーケター、ブランド製造業者、貿易会社等が含まれる。このようなバイヤーが先進国の最終消費者と途上国の生産拠点とを配慮に入れながらグローバルなアパレルサプライチェーンを構成するのである［Fukunishi et al. 2013：23］。

Manufacturing)、ブランディングからの全工程を受け持つ場合はOBM（Original Brand-name Manufacturing）と分類されている。CMTからOEM、ODM、OBMと移行していくほど、労働集約から知識集約、低付加価値から高付加価値になる。バングラデシュ等の発展途上国が繊維産業やアパレル産業を横断するグローバルサプライチェーンに組み込まれる場合、大抵は裁断、縫製、仕立（Cutting, Making, Trimming : CMT）のような、知識集約的なものというよりはむしろ労働集約的部門を担うこととなる。糸や生地、装飾品等の原材料はCMTを管理するバイヤーによって無償で供給される。下請け業者はこれらの原材料を基にバイヤーに指定された製品の生産を行い、バイヤーの管理の下で製品を輸出することでCMTプロセスの収入を得る［Fukunishi et al. 2013：23］。

バングラデシュの縫製産業は主に三つの形態に分類することができる。まず綿花を輸入するところから紡績、織布、裁断、縫製、仕立の工程を行う形態がある。続いて糸の輸入から始まりその他の織布、裁断、縫製、仕立を行う形態、そして三つ目に生地の輸入から仕立までの工程を扱う形態があげられる。ニット製品の縫製工場のほとんどは初めの二つの形態に当てはまり、布帛製品の縫製工場は三つ目の形態をとることが多い［Fernandez-Stark et al. 2011：33］。

［3］バングラデシュ縫製産業と外国資本

(1) バングラデシュと多国籍企業

アパレル産業のCMT工程を中心として、バングラデシュの縫製産業は無数の多国籍企業に衣類製品の供給を行っている。買い付け先としてバングラデシュに関わる多国籍企業数はおよそ190を超え、世界20カ国から集まる[24]。衣類製品の主な輸出先が欧米諸国となっており、バングラデシュに生産拠点を置く多国籍企業が多くみられる。中でもH&M（スウェーデン）が最も多くの取引工場を有しており、ウォルマート（アメリカ）、Inditex（スペイン、ZARAの親会社）が続く[25]。以下ではH&M、Inditex、GAPの取引工場数を国別、地域別に図示（図2－6～8）することで、これまで確認してきた生産拠点の歴史的変遷から、アパレル多国籍企業が現在世界で生産拠点をどのように分散しているのか、その傾向を把握したい。尚、ウォルマートに関しては関連情報が入手困難であるため、アメリカ資本であるGAPの情報を用いて先に述べた傾向を分析するための足掛かりとした。

世界最大の小売チェーンとして数えられるそれぞれの多国籍企業の生産拠点分布は異なるものの、いくつか共通点を見出すことができる。第一に、度合いは異なるもののそれぞれの企業の出身国周辺に取引工場を置いていることである。第二に、中国への進出が顕著でどの多国籍企業もアジアの一大拠点として中国を位置付けていることがあげられる。第三に、中国に次ぐアジアの拠点として、南アジア地域の工場数が非常に多く、中でもインドとバングラデシュが二大拠点となって

---

24 Accord, *home*（http://www.bangladeshaccord.org/　2014年2月20日　閲覧）を参照。Accordはバングラデシュ縫製工場設備の安全性確保と縫製工のための健全な労働環境を整えるため、多国籍企業と国際的に活動する労働組合の間に結ばれた協定書である。Accordは2013年4月24日のラナ・プラザ倒壊によって縫製工場労働者1000人以上の死者を出した大惨事への対応として、2013年5月13日にその形式が整えられた。バングラデシュ労働組合側にはグローバル企業に対抗する形で組織されるインダストリオール・グローバル・ユニオン（IndustriALL Global Union）、ユニ・グローバル・ユニオン（UNI Global Union）が協力し、更にクリーン・クロス・キャンペーン（Clean Cloth Campaign）等の国際NGOが多国籍企業との間に立ち会い、協定締結が進められた。2014年12月現在190を超える協定署名がなされている。この数字を基に、バングラデシュで買い付けを行う多国籍企業のおおまかな数字とする。尚、現在Accordのリストに入る工場数は約1600に達する。

25 Market Watch Wall Street Journal, *Behind the Storefront, The Business, H&M, Zara sign Bangladesh safety deal, raising pressure on Gap, Wal-Mart, May 13th, 2013*（http://blogs.marketwatch.com/behindthestorefront/2013/05/13/hm-inditex-in-bangladesh-safety-deal-raising-pressure-on-gap-wal-mart/　2014年1月19日　閲覧）を参照。

図 2-6　H&M 地域・国別取引工場（2014 年）

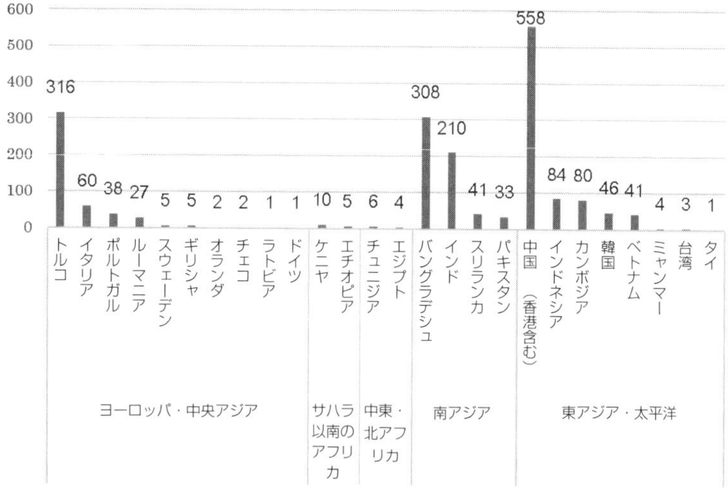

（出所）H&M, *Sustainability, About H&M, Sustainability, RESOURCES, Supplier List*（http://sustainability.hm.com/en/sustainability/downloads-resources/resources/supplier-list.html#cm-menu　2014 年 12 月 8 日　閲覧）
取引工場数には受注した工場の下請け工場も含まれる（2014 年 4 月時点）。地域は世界銀行による区分（World Bank, *Data, Country and leading Group*‘http://data.worldbank.org/about/country-classifications/country-and-lending-groups#EuEuro_and_Central_Asia　2014 年 12 月 8 日　閲覧’）を参照、一部筆者編集。

図 2-7　Inditex 地域・国別取引工場数（2013 年）

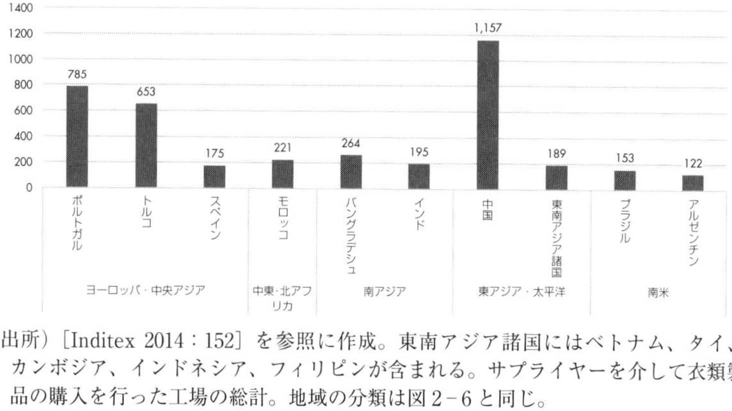

（出所）［Inditex 2014：152］を参照に作成。東南アジア諸国にはベトナム、タイ、カンボジア、インドネシア、フィリピンが含まれる。サプライヤーを介して衣類製品の購入を行った工場の総計。地域の分類は図 2−6 と同じ。

図 2-8　GAP Inc. 地域・国別取引工場数（2013年）

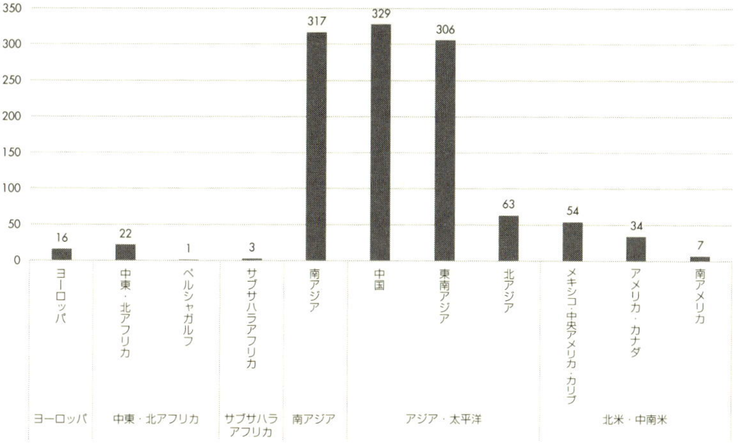

（出所）Gap Inc., *Social & Environmental Responsibility Report 2011/2012, Data, Factory ratings comparison by geographic region*（http://www.gapinc.com/content/csr/html/human-rights/data.html　2014年12月8日　閲覧）を参照に作成。地域の分類は図2-6と同じ。

いる[26]。

(2) 資本の分布

1980年代にバングラデシュ政府は経済成長を促すべく、外資に対する市場の開放に乗り出した。政府は1980年に外資を呼び込むためにバングラデシュ輸出加工区庁（Bangladesh Economic Process Zone Authority : BEPZA）を設立し、1983年にはバングラデシュ初のチッタゴンEPZを開設した。バングラデシュ政府は1989年に投資庁（BOI :

26 日本を代表するアパレル製造小売業、ユニクロは2008年にバングラデシュにおける衣類製品生産を目的として合弁会社を設立し、生産活動に乗り出した（FAST RETAILING, *HOME, IR 情報*、*IR ニュース*、*合弁会社設立に関するお知らせ*、*2008年11月28日* ‘http://www.fastretailing.com/jp/ir/news/0811281700.html　2014年12月9日　閲覧’ を参照）。また日系縫製企業のバングラデシュへの進出に関しては［長田2013］を参照。

Board of Investment）を設置し、直接投資（FDI：Foreign Direct Investment）の受け入れ体制の強化を開始した。翌年1990年には市場開放政策が実施され外資融資のための規制緩和が実施された。積極的開放政策の導入により、1980年代よりも1990年代、そして2000年代と時が進むにつれてFDIの流入額は堅調に伸びていった［Rahman 2012：6；Nasrin et al. 2010：5］。

1972年に9万ドルであったFDI流入額は1996年には2億3161万ドル、2008年には10億8600万ドルまで上昇した［Rahman 2012：1］。主な投資分野は時期によって異なり、1996〜2000年の間では石油・ガス（18%）、繊維・衣類（19%）、金融（2%）が上位を占めていたが、2001〜2005年の間においては通信（21%）、石油・ガス（18%）、繊維・衣類（14%）、また2006〜2010年の間は通信（48%）、金融（16%）、繊維・衣類（14%）と変化がみられる［*Ibid*：10-11］。縫製産業が含まれる繊維・衣類産業への投資はどの時期においても重要な投資分野であることが確認できる。1996〜2010年の間にみる主な投資国はイギリス、アメリカを筆頭にエジプト、韓国、オランダ、シンガポール、香港、UAE、日本、ノルウェーが続く。

FDIの流入は現在に至るまで上昇傾向にあるが、EPZ内とEPZ外で比較した場合FDIがEPZ外に集中していることがわかる。しかしながら、EPZ外の縫製産業全体に占める海外資本の割合は極めて低い。2003〜2011年の間、縫製産業への投資計画として1654件の登録が行われたが、その内海外資本の件数は181件（11%）のみであった［UNCTAD 2012：4］。縫製工場はバングラデシュ資本によって成り立っており、全体の90〜95%は国内資本によって構成されているのである。縫製工場はバングラデシュ資本によって経営されており、国内資本が担い手となって同産業が成長してきたことが確認できる［Fair Wear Foundation 2006：13；Haider 2007：7；Gonzales 2002：28；Mottaleb 2011：70］。Rahmanは、同傾向は他の低開発諸国と比較しても特有であり、バングラデシュ縫製産業にみられる特徴であると指摘している

［Rahman 2011：14］[27]。

(3) 縫製産業における流通概要

バングラデシュの縫製産業はそのほとんどが国内資本によって構成されており、多国籍企業が全生産工程に投資を行っているわけではない。バングラデシュ縫製産業が成長するにつれて、生産者とバイヤーの仲介業として機能する商社（buying house）の数も増加していった。バングラデシュ縫製工場の多くは商社に商品を納入し、注文元であるバイヤーと直接取引するのは全体の20〜25％程といわれている。そのため縫製工業に落ちる利益は仲介業者に吸い取られる傾向にある［Gonzales 2002：31；USAID 2007：32-33］。

しかしながら、縫製工場、特に新規参入した工場経営者にとって商社の役割は欠かせない。商社はバイヤーとの関係を持っており、工場に注文を繋いでくれる存在である。商社はバイヤーと工場の仲介役として、商社はバイヤーから受けた注文を各生産者に振り分け、注文製品納入までの監督とファイナンスを行う。その他にも原材料の調達や流通、サンプルデザイン作成に携わることもある。バイヤーは注文先の工場を選定する際、サンプルや仕様書を候補となる工場に送る。工場側は指定通りに完成見本を作成し、それを提出する。バイヤーは工場の完成見本の出来栄えをみて注文を行うか否かを決定する。そのため、商社の中には見本を作るための人材や技術、時間的余裕がない工場にそれらを代わりに行うものもある。バイヤーから送られてきた仕様を、工場で作りやすくするためのデザインの微修正や、ファッション性を高めるための調整等を商社が請け負う［USAID 2007：31；Mottalbe and Sonobe 2011：77］。

生産者の規模は多様だが、その生産能力を問わず作業工程の外部委託、或いは全工程の委託は慣行的に行われている。注文された製品を

---

27 バングラデシュによる外資の直接投資はEPZにおいて集中的にみられる。

全て自分の工場で生産することができる工場も存在するが、また多くの工場は全作業工程を終えるための設備が整っておらず、工程の一部を更に外部に委託する。技術的に全工程を終えることができる場合でも注文を多く引き受け、その内の低廉製品は中小工場に委託されることがある〔USAID 2007：32-33〕。生産者はビジネスを始めたばかりの頃は商社に頼ることで業界の構造を学び、ビジネスを成長させていくにつれて次第に自らバイヤーと契約を持ち、自立の道を歩む傾向がみられる。商社はまた新たな参入者を顧客とし、ここにバングラデシュ縫製産業拡大の一機能としての循環がみられる〔Mottaleb and Sonobe 2011：84〕。

(4) 多国籍企業の縫製産業流通過程—H&Mを事例として—

H＆M自体は工場の経営を行っておらず、世界15カ所に生産管理拠点を構え、世界中に散らばる872のサプライヤーに注文を行い、製品を調達する。注文を受けたサプライヤーは直接生産を行うか、下請け先としてネットワークを持つ工場に生産を委託する。H＆Mが関わる工場はサプライヤーとその下請け工場を含めると、全部で1946工場になる[28]。バングラデシュの首都ダッカに生産管理拠点が設立されたのは1982年のことである。生産管理拠点の主な役割は、第一に本社購買部とバングラデシュ現地サプライヤーの間に立ち、発注から納入までの調整を行うことにある。また第二に現地サプライヤー新規開拓、及びサプライヤーによって規則遵守が成されているかの監視を行う〔Hasan and Alim 2010：62〕。

---

[28] H&M, *About H&M, Sustainability, Commitment, Our supply chain,* 及び *Choose and reward responsible partners-our Conscious Action*（http://sustainability.hm.com/en/sustainability/commitments/choose-and-reward-responsible-partners/supply-chain.html, 及び http://sustainability.hm.com/en/sustainability/commitments/choose-and-reward-responsible-partners/about.html 2014年12月8日閲覧）を参照。

H&Mは製品のデザインや販売量、価格等をスウェーデンのストックホルム本社で決定し、生産管理拠点はこれに関与しない。その後新たな製品の生産にかかるコストや時間に応じてどの国のサプライヤーによって作られるかが選定され、バングラデシュが選ばれた場合には本社からバングラデシュ生産管理拠点に注文の詳細が送られる。続いて拠点担当者（merchandiser）はバングラデシュにあるサプライヤーから候補を絞る。次に本社から送られた仕様がサプライヤーに伝えられ、サンプルや価格情報が生産管理拠点に集められる。これらを基にダッカ拠点にてサプライヤーの評価選定が行われ、ストックホルム本社の認可を得ることで最終的なサプライヤーが決められる。こうしてサプライヤーは注文された衣類の生産に取り掛かる［*Ibid*：64-69］。それぞれの工程に費やされる時間は、サンプル作成と本社認可の過程が約12〜15日、サプライヤーへの注文に6〜8日、注文が行われ原材料の調達に37〜44日、工場での生産過程に20〜25日、最終目的地までの輸送に25〜30日が必要となる。早い場合でもおよそ90日間がかかることになる［*Ibid*：92］。

［4］バングラデシュ縫製産業の特徴

(1) 輸入原料依存

バングラデシュの輸出入品目のほとんどは衣類関連製品によって構成されている[29]。2012年のバングラデシュ中央銀行の輸出入品統計資料に基づき、輸入品内訳をHSコードの部単位で確認すると、衣類製品が含まれる第11部（「紡織用繊維及びその製品」）と、衣類製品に関連する機械類が含まれる第16部（「機械類及び電気機器並びにこれらの部分品並びに録音機、音声再生機並びにテレビジョンの映像及び音声の記録用又は再生用の機器並びにこれらの部分品及び附属品」）の全輸入額に占める割合がそれぞれ24.39%、13.11%となっており、その他の部よりも全体に占める割合が高いことがわかる[30]。

第11部はHSコード2桁の分類でみると第50～63類の14種類に分けられ、それぞれ衣類製品の項目を成している。輸入におけるこれら14種類中で最も高い割合となっているのが第52類の「綿及び綿織物」で、第11部のおよそ67%を占めている。第52類が突出する形で、その後に第55類「人造繊維の短繊維及びその織物」(10%)、第60類「メリヤス編物及びクロセ編物」(8%)、第54類「人造繊維の長繊維並びに人造繊維の織物及びストリップその他これに類する人造繊維製品」(6%)等が続き、これら三類の合計は第11部の約24%に相当する。つまり衣類製品の原材料となるこれらの品目(第52、54、55、60類)が第11部の91%を構成していることになり、総輸入に占める衣類製品の原材料比率は非常に高いといえる。第52類の主な輸入先をみると、1位の中国、2位のインドが突出して全体に占める割

[29] バングラデシュの主要輸入品目内訳を確認すると、消費財及び中間財が全体の50%を占めており、それに続いて資本財及びその他のカテゴリーが36%、穀物とその他食料が14%を構成している。衣類製品に関連する原材料や機械類はそれぞれ消費財及び中間財、資本財及びその他のカテゴリーに含まれている。輸入品の概要をみると、消費財及び中間財のなかで衣類製品原材料(原綿、糸、生地及び関連商品、ステープルファイバー)の占める割合は約20%と同カテゴリーの中で最も高い。資本財及びその他に含まれる資本機器の分類においても、衣類関連製品が存在する。衣類品関連機材が含まれる機械類のカテゴリーが占める割合は全体の約6%となっており、衣類製品原材料と合計すると全体の26%を占めることになる([Bangladesh Bank 2013a : 91]、Table 10.2 Composition of merchandise importsを参照)。機械類のカテゴリー詳細は後述する。同様に輸出品に関しても主要内訳、概要の順にみていくと、主な輸出品は衣類製品(79%)、原料ジュート・ジュート製品(4%)、冷凍食品(2%)、工業製品(2%)、皮(2%)から構成されており、衣類製品の輸出が際立っている。衣類製品はニット製品と布帛製品の二つの種類に大別され、これら二つの品目が輸出のほとんどを占めている([Bangladesh Bank 2013a : 89]、Table 10.1 Composition of merchandise exportsを参照)。

[30] 以下では[Bangladesh Bank 2013b]、及び[Bangladesh Bank 2013c]の貿易統計を用いて分析を行った。HSコードの部、類、項の対訳は税関、*貿易統計、2. 参考情報、輸出統計品目表、輸出統計品目表(2014年版)*('http://www.customs.go.jp/yusyutu/2014/index.htm'　2014年10月2日　閲覧)を参照。

合が高く、両国で第52類の約55％を占めている（表2-3参照）。

次に第16部をHSコード2桁で分類すると、第84類「原子炉、ボイラー及び機械類並びにこれらの部分品」と第85類「電気機器及びその部分品並びに録音機、音声再生機並びにテレビジョンの映像及び音声の記録用又は再生用の機器並びにこれらの部分品及び附属品」の二つに分けられており、衣類製品関連の機械類は第84類に該当する。第16部の第84類を、HSコード4桁を用いて更に詳しくみると、第84類は84.01～84.84項に細分化される。84.01～84.84項のなかで84.44～84.52項までが衣類製品に関連する機器類の品目にあたり、それら僅か9項目が第84類全体の26％、第16部（第84類と第85類を含む）全体の17％を構成する[31]。第84類の84.01～84.52項に分類される衣類製品関連機器類の主な輸入先は中国となっている。第16部の衣類製品関連の機械類は全輸入の約2％を占めることになり、これを第11部の22％と合わせると、衣類製品の原材料及び関連機械類の全輸入に占める割合は約24％となり、全体のおよそ4分の1となる。

輸入とは異なり、輸出の第11部をみると第61類「衣類及び衣類附属品（メリヤス編み又はクロセ編みのものに限る）」と第62類「衣類及び衣類附属品（メリヤス編み又はクロセ編みのものを除く）が突出しており、第11部全体の90％を占める。これは全輸出額の81％に相当する。この第61類と第62類が所謂衣類製品が振り分けられるカテゴリーに当たり、つまり輸出のほとんどは衣類製品によって支えられているということができる。

第61類の主な輸出先をみると、1位がドイツ（20％）、2位がアメリカ（11％）、3位イギリス（11％）となっており、この3カ国が他を圧倒して高い割合を占めている[32]。次に第62類の主な輸出先をみるとアメリカが全体の34％を占めており、その後にドイツ（14％）、イギリス（10％）が続き、これら3カ国が主要輸出国となっている[33]。（表2-4参照）。

表2-3　第52類の主な輸入先（2012年）（単位：1,000ドル、%）

順位	国名	輸入額	割合
1	中国	1,409,580	29.77%
2	インド	1,260,139	26.61%
3	香港	152,405	3.22%
4	オーストラリア	74,870	1.58%
5	韓国	28,263	0.60%
6	インドネシア	27,457	0.58%
7	ブラジル	23,116	0.49%
8	エジプト	17,848	0.38%
9	ヨルダン	13,876	0.29%
10	チャド	11,731	0.25%
合計		4,735,119	100.00%

（出所）［Bangladesh Bank 2013b］を参照に筆者作成。

衣類関連製品の輸入額と衣類製品輸出額を比較した際に、バングラデシュの貿易の特徴として前者が後者に占める割合が非常に高いことが指摘できる。衣類製品の生産に必要とされる原材料や機械等の輸入は全輸入額の24%を構成している。これに対して衣類製品輸出額は全輸出額の81%を占めている。衣類製品輸出額に占める衣類関連製品輸入額の割合は43%に及ぶ。ここから衣類製品輸出のためには原料及び機器の輸入に莫大な費用が必要とされ、衣類製品輸出の拡大はその分だけ輸入費用がかかるという構図を理解することができる。

(2) 国内産業連関の脆弱性

衣類製品に関わる産業として大まかに綿花生産、繊維産業とアパレル産業に分けることができる。縫製産業はアパレル産業全体の一工程であり、同時に綿花生産や繊維産業の川下産業でもある。製品のデザインを含めたアパレル産業の幅広い工程を扱うのであればその付加価値率は高くなり、また縫製産業への原料の供給体制、つまり繊維産業が国内に整っていれば、その分だけ製品に対する付加価値を増やすことができる。しかしながら、原料供給だけでなく、アパレル産業に関しても付加価値は限定的である。アパレル産業の中において、デザイン等を含めた知識集約型で高い技術を求められる工程ではなく、主に組み立て部分、つまり縫製工程にのみ特化しており付加価値は低い[34]。

---

[31] 84.44～84.52項の内訳は、84.44項「人造繊維用の紡糸機、延伸機、テクスチャード加工機及び切断機」、84.45項「紡績準備機械並びに精紡機、合糸機、ねん糸機その他の紡織用繊維の糸の製造機械並びにかせ機、糸巻機（よこ糸巻機を含む。）及び第84.46項又は第84.47項の機械に使用する紡織用繊維の糸を準備する機械」、84.46項「織機」、84.47項「編機、ステッチボンディングマシン、タフティング用機械及びジンプヤーン、チュール、レース、ししゅう布、トリミング、組ひも又は網の製造機械」、84.48項「第84.44項から第84.47項までの機械の補助機械（例えば、ドビー、ジャカード、自動停止装置及びシャットル交換機）並びに第84.44項からこの項までの機械に専ら又は主として使用する部分品及び附属品（例えば、スピンドル、スピンドルフライヤー、針布、コーム、紡糸口金、シャットル、ヘルド、ヘルドフレーム及びメリヤス針）」、84.49項「フェルト又は不織布（成形したものを含む。）の製造用又は仕上げ用の機械（フェルト帽子の製造機械を含む。）及び帽子の製造用の型」、84.50項「家庭用又は営業用の洗濯機（脱水機兼用のものを含む。）」、84.51項「洗浄用、清浄用、絞り用、乾燥用、アイロンがけ用、プレス（フュージングプレスを含む。）用、漂白用、染色用、仕上げ用、塗布用又は染み込ませ用の機械（紡織用繊維の糸、織物類又は製品に使用するものに限るものとし、第84.50項の機械を除く。）、織物類その他の支持物にペーストを被覆する機械（リノリウムその他の床用敷物の製造用のものに限る。）及び紡織用繊維の織物類の巻取り用、巻戻し用、折畳み用、切断用又はピンキング用の機械」、84.52項「ミシン（第84.40項の製本ミシンを除く。）、ミシン針並びにミシン用に特に設計した家具、台及びカバー」となっている。

[32] フランス（8%）、スペイン（6%）、イタリア（5%）、カナダ（5%）、オランダ（3%）、デンマーク（3%）、ベルギー（2%）が続き、主に北米及び欧州諸国によって上位10カ国は構成されている。

[33] 4位以降はフランス（5%）、カナダ（4%）、スペイン（4%）、イタリア（3%）、トルコ（2%）、オランダ（2%）、ベルギー（1%）といった国々によって占められており、第62類の輸出先としてもやはり北米及び欧州諸国が中心となっている。

[34] アパレル産業のサプライチェーンは先進国のバイヤーの力に左右されるところが多い。ブランディングやデザイン、マーケティング工程は知識集約的で高度な技術が求められることから高付加価値になるが、その分簡単に参入できる分野ではない［Fukunishi et al.　2013：20-22］。

表 2-4　第 61 類及び 62 類の主な輸出先（2012 年）

第 61 類			
順位	国名	輸出額	割合
1	ドイツ	1,848,934	20.31%
2	アメリカ	1,070,145	11.76%
3	イギリス	1,067,674	11.73%
4	フランス	751,279	8.25%
5	スペイン	579,729	6.37%
6	イタリア	471,755	5.18%
7	カナダ	455,556	5.01%
8	オランダ	283,175	3.11%
9	デンマーク	275,719	3.03%
10	ベルギー	263,333	2.89%
11	オーストラリア	253,370	2.78%
12	スウェーデン	218,309	2.40%
13	ポーランド	198,122	2.18%
14	日本	174,772	1.92%
15	トルコ	133,121	1.46%
16	アイルランド	106,630	1.17%
17	ブラジル	96,068	1.06%
18	ロシア	76,814	0.84%
19	スイス	72,281	0.79%
20	アラブ首長国連邦	71,798	0.79%
第 61 類総額		9,101,869	100.00%

（出所）［Bangladesh 2013c］を参照に筆者作成。

また、先に述べたように、バングラデシュにおける衣類製品生産は外国からの輸入原料に依存せざるを得ない状況にある。バングラデシュには綿花の生産業も縫製産業の需要を満たすだけの繊維産業も存在しない。衣類製品に用いられる糸の国内供給量は 10〜20％程にしかならない。バングラデシュでは未だに手紡績が一般的である。手紡績は衣類の国内需要の 4 分の 3 を満たし、100 億タカ（約 1 億 2510 万ドル）の市場規模を持っている。しかしながら、手紡績の品質では輸出用布

（単位：1,000 タカ、%）

第62類			
順位	国名	輸出額	割合
1	アメリカ	2,417,322	34.70%
2	ドイツ	1,036,108	14.87%
3	イギリス	727,986	10.45%
4	フランス	377,510	5.42%
5	カナダ	332,904	4.78%
6	スペイン	292,151	4.19%
7	イタリア	223,017	3.20%
8	トルコ	168,272	2.42%
9	オランダ	156,986	2.25%
10	ベルギー	129,753	1.86%
11	デンマーク	109,453	1.57%
12	オーストラリア	106,244	1.53%
13	ポーランド	104,844	1.51%
14	スウェーデン	99,465	1.43%
15	日本	94,630	1.36%
16	アイルランド	57,751	0.83%
17	香港	50,311	0.72%
18	アラブ首長国連邦	46,369	0.67%
19	中国	42,604	0.61%
20	インド	42,447	0.61%
第62類総額		6,965,818	100.00%

帛製品に用いることはできず、それを満たすためには機械紡績の導入による安定かつ高品質の一定量供給が求められる。織物に関しても同様で、国内供給量は全体の20％程である。これはバングラデシュ紡績産業の供給量が低いため、織物産業のキャパシティと供給量を制限している［Habib 2009：7］[35]。

全体的に原材料供給は不足傾向にあるものの、衣類製品の種類によって原料調達の度合いは異なってくる。衣類製品は主に布帛製品とニット製品に分類されるが、布帛製品が生地の85％を輸入に依存しているのに対して、ニット製品は35％と低く抑えられており、国内供給の割合が高い［*Ibid*：7］[36]。USAIDによれば、布帛製品の縫製産業は輸入原材料に依存しているため、国内における付加価値率はおよそ40～45％に留まるが、後方連関の発達したニット製品では70％の付加価値率を実現しているという［USAID 2007：20］。バングラデシュニット製造輸出協会（Bangladesh Knitwear Manufactures & Exporters Association：BKMEA）による2010年度の衣類製品輸出統計をみると、布帛製品の付加価値率は25％と低いが、ニット製品は75％と見積もっている［BKMEA 2011：4］。

(3) 国内産業連関形成の障壁

MFAといった衣類製品に関わる国際的な協定が外部要因として働き、バングラデシュ衣類製品の輸出を後押ししたということは先に述べた通りである。バングラデシュはアメリカ、そしてEU諸国を衣類製品の二大輸出先として現在まで至る。アメリカに対しては布帛製品、そしてEU諸国に対しては主にニット製品を中心に輸出を行ってきた［USAID 2007：21］。アメリカ、EU諸国はどちらもバングラデシュにとって重要な市場を提供しているのだが、これらの国々のバングラデシュとの関わり方には違いがある。アメリカと異なり、EU諸国はEBAの下でバングラデシュに関税と輸出制限の免除待遇を与えた[37]。2002年に導入されたEBAの利用により、バングラデシュは衣類製品

---

35 2012年度の平均為替レート、1ドル＝79.93 タカ（［Bangladesh Bank 2013a：249］を参照）に基づき算出。

36 Khanによれば、2006年におけるニット製品の原材料の国内供給率は85～90％、布帛製品に関しては25％ に留まっており、これらの数字からニット製品の原材料調達率と布帛製品のそれに大きな開きがあることがわかる［Khan 2009：52］。また、Mottalbe and Sonobeは、このようにニット製品の原料供給のための後方連関が整っていることが、アパレル製品輸出の内、ニット製品の割合が高い所以である、としている［Mottalbe and Sonobe 2011：70-71］。

の輸出を伸ばすことができたが、関税免除の条件として掲げられる原産地規則は、満たさなければならない課題として立ちはだかった［Rahman 2011：18］。しかしながら、2004年にEUによる原産地規則の緩和が行われ、繊維産業における綿花から綿糸の工程が条件から外されたことで、バングラデシュのニット製品輸出は急速な拡大をみせた。他方、EBAは布帛製品に対しては同様の効果をもたらさなかった。バングラデシュにおいて布帛製品生産の繊維産業は原材料を十分に供給できないことから、輸入原材料に依存している。ニット製品の後方連関産業への投資は布帛製品のそれと比較し、低コストで実現できる。そのためニット製品の後方連関には長年にわたって投資が行われてきた[38]。2004年に原産地規則の緩和が行われると、後方連関を持つニット製品産業にはEBA利用のインセンティブが働き、布帛製品の後方連関産業と差をつける形で更なる投資が進んでいった。規則の緩和はニット製品の後方連関産業を強化する役割を果たし、2004年以降ニット製品輸出は飛躍的な拡大をみせた［Hider 2007：12］。2010年にEUに向けた輸出で、関税免除の待遇を受けられた布帛製品は全体の28％に留まったのに対し、ニット製品は92％に達した［Rahman 2011：

---

37 アメリカはバングラデシュに輸入割当を提供し、一定量の輸出を長年に渡って保証することでバングラデシュの縫製産業に貢献してきたといえる。しかしながら、アメリカはバングラデシュの衣類製品に特恵関税の待遇を認めたわけではなかった［USAID 2007：21］。

38 資本集約型の布帛部門は大規模な投資を必要とする。それと比較してニット部門は比較的に簡易な設備で足りるため、初期投資費用を低く抑えることができる。ニット製品の特質上、ニット製品用紡績とニット製品用織物生産が組み合わさった形で施設投資が集中的に行われるようになり、これが同部門の後方連関の拡大を促した。これに加えて先に述べたようなデシュ社や縫製産業界の声によって実現した機械類の関税免除制度、見返り信用状制度、保税倉庫制といった制度がバックアップとなり、ニット部門の拡大を実現したのである［Khan 2009：51-52；Haider 2007：12］。ニット製品の特性上、例えば靴下や下着類等には紡織と縫製作業がほぼ同じに作業工程の中に組み込まれており、二つの分野が組み合わさった施設が用いられる［Fukunishi et al. 2013：24-25］。

18-20]。このようにバングラデシュにとって原産地規則の条件を容易に満たすことができたのは主にニット製品であり、布帛製品と比較して、同製品の裾野産業は急速に発達したのである。

2011年1月には原産地規則の更なる緩和が行われた。これによりバングラデシュは繊維生産国からの生地を用いた衣類製品にも関税免除が認められるようになる［山形 2013：4］[39]。2011年9月には貿易の活発化を目指し、バングラデシュとインド間で関税撤廃に関する二国間協定が結ばれている［McKinsey 2011：9］。Haiderが、「2004年6月時点の価格では、バングラデシュで糸を購入する場合1キロ当たり2.80ドルかかるが、同品質の糸をインドでは2.10ドルで購入することができる」［Haider 2007：15］と述べているように、バングラデシュ縫製産業は現時点においても国内で同様の原料を調達するよりも、外国製原料を低価格で入手することができる[40]。インドからの原材料輸入に対する関税が撤廃されればバングラデシュ国内での原料の現地調達は、相対的にこれまで以上にコストがかかることになる。事実、先に述べたように、2011年度のインドからの原材料輸入量は他国を凌いで最大である。

原産地規則の緩和により、布帛製品、ニット製品の後方連関は輸入原料との競争に晒される。輸入原料に依存すればするほど国内におけ

---

39 原産地規則の緩和に関して、バングラデシュでは布帛製品の繊維産業とニット製品産業は輸入原料との競合を懸念し、布帛縫製産業との対立が生じた［Rahman 2011：22］。

40 原出所はバングラデシュの新聞、The New Nation（英字版）。またHabibは指摘以下のように指摘している。「インドでは、バングラデシュがインドから輸入する綿花の値段の20〜30％で購入することができる。パキスタンでも同様に、同じ質の綿花がバングラデシュよりも20％安く手に入る。インド、パキスタン両国とも政府から補助金が出されているため、バングラデシュにとっては不利に働く…」［Habib 2009：6］と述べているように、競合国の繊維産業は安価な綿花を自国で利用することが可能で、これにより輸出用の糸や織物を国内外に安価で提供することが可能なのである。

る後方連関産業、特に布帛製品のための繊維産業の育成は進まず、付加価値率は低く抑えられてしまうばかりである[41]。衣類製品輸出に関わる協定は一国の産業構造にまで影響を与えてきた。現段階において、バングラデシュは裾野産業の強化が困難な状況にある。つまりバングラデシュは、先進諸国から委託され、原料を輸入することで衣類生産を行うことに特化せざるを得ないのである。

(4) 生産性・低賃金労働

各国のアパレル企業やバイヤーが、バングラデシュを生産基地、或いは買い付け地として選択する理由は何か。「輸入した糸や布地などの原材料に依存した委託加工中心の産業構造…」［JETRO 2004：18］を特徴としたバングラデシュの縫製産業が持つ競争優位性は、まさに低賃金にある。アパレルサプライチェーンの中で単純作業かつ労働集約的な部門は、生産性の向上が限られている。また、単純作業であっても、基本的な衣類製品に費やされる平均縫製時間の国際比較で、バングラデシュは25.0分と最も長く、その後にスリランカ（24.0分）、香港（19.7分）、アメリカ（14.0分）と評価がなされている［Yunus and Yamagata 2012：16］[42]。

生産効率性に限界があり、単純加工作業にも優位性が無いとすれば、低賃金によってそれを相殺することとなる。表2-5に示されている2014年衣類産業労働の月額最低賃金各国比較では、縫製産業で単純作業労働者が得られる給料を基に算出されている。労働コストが最も安いのはスリランカ（66ドル）で、そのすぐ後をバングラデシュ（68

41 これは自国の布帛製品の後方連関産業を強化するインセンティブをますます阻害するばかりか、ニット産業の後方連関に対してもダメージをもたらすと考えられる。

42 Saxena and Salze-Lozac'h は、中国の縫製工の生産性は70％程であるが、バングラデシュはおよそ約38～40％にしかならないとし、その技術水準の低さを述べている。ここでいわれている生産性とは、一定の時間内で縫製工が仕上げられる製品の数によって算出されている［Saxena and Salze-Lozac'h 2010：31］。

ドル）が続く。その後にパキスタン（85－95ドル）、カンボジア（100ドル）、ベトナム（90－128ドル）が加わり、これらの国々が上位5カ国を構成している。中国の中で最も低い労働コストは156ドルであるが、バングラデシュはその半分以下ということになる。近隣の大国、インド（70－131ドル）の最も高い賃金と比較しても半分以下の計算となり、バングラデシュにおける賃金の安さが把握できる（表2－5）[43]。

McKinseyによる調査では、アパレル企業の買い付け責任者は主に二つの理由からバングラデシュを有望視していることがわかった［McKinsey 2011：6-7］。一つは工場のキャパシティをあげており、もう一つはやはり人件費の安さによって実現される衣類製品の安さである。キャパシティの優位性に加え、人件費の安い労働力が豊富にバングラデシュには備わっており、これらの要素が将来の人件費向上を計算に入れても、予想される効率性の向上によって相殺されると見込まれている［*Ibid*：7］[44]。

最低賃金の推移をみると、1985年当時、バングラデシュ縫製産業の最低賃金は月額627タカ（約8ドル）であった。1994年になると930タカ（約12ドル）に上げられ、2006年には新たに1662.5タカ（約21ドル）に改正された。近年では2010年に最低賃金が3000タカ（約37ドル）、また2013年には5300タカ（約66ドル）に設定された[45]。こ

---

43 ［Luebker 2014］を参照。

44 アパレル産業の盛んな東南アジア諸国と比較した場合、インドネシアは2450工場、ベトナムは2000工場、カンボジアは200工場であるのに対して、バングラデシュは5000工場を国内に有している［McKinsey 2011：7］。

45 それぞれ1ドル＝79.93タカを基に算出［Bangladesh Bank 2013a：249］。表2－5のバングラデシュの最低賃金は2013年の改定を反映しているのもだが、算出に用いる為替レートの違いから若干の不一致が生じているものである。2010年までの数字は［山形2013：8-9］を参照、2013年の数字はJETRO, *HOME*, *ニュース・イベント*、*世界のビジネスニュース（通商弘報）*、*縫製労働者の最低賃金を引き上げ―非熟練工下級クラスでは77％―*（http://www.jetro.go.jp/biznews/52aab0d8ce0e0　2014年12月8日　閲覧）を参照。

表2-5　衣類製品輸出国の月額最低賃金比較（2014年）（単位：ドル）

順位	国	最低賃金	順位	国	最低賃金
1	スリランカ	66	13	グァテマラ	260
2	バングラデシュ	68	14	中国	156 － 266
3	パキスタン	85 － 95	15	ペルー	268
4	カンボジア	100	16	フィリピン	152 － 273
5	ベトナム	90 － 128	17	マレーシア	244 － 275
6	インド	70 － 131	18	モロッコ	303
7	メキシコ	127 － 172	19	ホンジュラス	339 － 396
8	エジプト	172	20	トルコ	494
9	チュニジア	158 － 183	21	パナマ	424 － 514
10	エルサルバドル	203	22	台湾	636
11	インドネシア	74 － 219	23	香港	805
12	タイ	237	24	韓国	1,032

（出所）［Luebker 2014］を参照に作成。

のように、バングラデシュ縫製産業の最低賃金は上昇傾向にあるものの、未だに競争力があるレベルにある。

バングラデシュにおいて賃金が抑制される要素として何が考えられるだろうか。一つの要因として、低賃金労働者の主体が女性であることが指摘できる。縫製産業に従事する労働者の約80％が女性によって構成されている[46]。縫製産業における労働者の賃金水準は男性、女性を問わず低いが、女性の地位が低いバングラデシュでは一般に、同様の仕事であっても男性より女性の賃金の方が安く設定される傾向にあり、また雇用の種類も男性ほど選択肢はない。特に若く、独身者が工場経営者に好まれる。これら女性労働者のほとんどは労働組合を組織しておらず、従って経営者に対する賃金交渉に際しても弱い立場にある［Yunus and Yamagata 2012：14-15；USAID 2007：7］。入れ替え可能な

[46] BGMEA, *About BGMEA*（http://www.bgmea.com.bd/home/pages/aboutus 2013年9月6日　閲覧）を参照。

有り余る女性労働者の活用こそが縫製産業における労働集約型で低賃金労働の源泉となっているのである。他方、述べてきたようなバングラデシュ縫製産業が生産する衣類が低価格製品であることも賃金抑制の要素として作用すると考えられる。労働環境の基準を順守することの重要性は浸透しつつあるものの、実際にバイヤーは低価格を好む傾向がある。縫製工場は外国、国内両方において競争しなければならず、バイヤーは頻繁に仕入れ工場を変更する傾向があるため、衣類製品生産の利鞘を縮小させざるを得ない状況に追い込まれ、それが賃金及び労働環境に影響するのである［Rahaman 2011：13；Theuws et al. 2013：15］[47]。

おわりに

1970年代、アジアから安価な繊維関連製品が大量に流入するようになると、欧米諸国は国内市場との利害調整を行うべく輸入制限を開始した。その当時衣類生産の中核を担っていた香港、台湾、韓国の企業は割り当て以上の輸出を可能とすべく、上限に余裕がみられる国々に生産拠点を移転させ、このような流れの中でバングラデシュは労働集約型で低付加価値の生産を請け負うこととなった。韓国企業大宇がもたらした技術は、人材の拡散によってその後新たに生まれた縫製工場に移転していく。1978年に初めて衣類製品が輸出されて以来、アメリカによる輸出割当、またEBAの適用、更に政府による制度的バックアップも加わることで、バングラデシュは初めに布帛製品、続いてニット製品の輸出を伸ばしていき、世界の一大衣類生産拠点に成長した。

しかしながら、これらの協定や制度は衣類製品輸出を後押しする役割を果たす一方で、バングラデシュ縫製産業にある課題を残すことと

---

47 バングラデシュ縫製産業においてはバイヤーが支配的な立場にあるという［Rahaman 2011：13］。但し、長期契約で労働基準の順守に敏感で、厳格である多国籍企業のバイヤーも存在する［USAID 2007：33］。

なる。それは、特に布帛製品に当てはまるが、縫製産業の裾野にあたる繊維産業の成長が妨げられてしまった点にある。南アジア、ないしはそれ以外の地域からの原料輸入が認められたことにより、縫製産業が自国の割高な原材料を使用する動機は低下した。ニット部門には一定の国内供給体制が整いつつあるが、布帛製品を含めたバングラデシュ繊維産業の育成は望めず、従って国内付加価値は一定程度に留まっている。縫製工場のほとんどは国内資本によるものであるが、ニット部門とは異なり、資本集約的で大規模な投資を必要とする布帛部門の拡大に国内資本が向かうとは予想しがたい。また、多国籍企業が投資に踏み出すのも、現在のところEPZのみとなっており、期待は薄い。ニット部門の後方連関が整いつつあることには一定の評価が可能であるが、しかし高価な衣類を生産するための材料を生み出すような高度な機械類が整備されているわけではない。アパレル産業の工程の中でも、先進国が扱うような知識集約型の高度な技術を必要とするブランディングや製品デザインの分野を請け負うようになれば付加価値を高めることができる。しかし、現在のバングラデシュにその分野における競争優位はない。

アパレル産業に属する数ある工程の中の組み立て部分、そして輸入原料に依存する形で行われる低価格衣類製品の組み立て作業、つまり縫製業を中心に行うバングラデシュの競争優位性は、主に女性を中心とする低賃金労働に位置付けられる。低賃金に競争優位があるならば、最低賃金上昇、或いは労働環境改善を目指した投資によるコスト上昇は、バングラデシュが世界経済で生存していけるかどうかに関わる。そのため、国内外の競争相手との狭間で利益の最小化が試みられ、それは更なる賃金上昇抑制として作用する。賃金の優位性を除く、その他の競争力が急速に備わって来ているのかといえば、先に述べてきたように展望は明るくない。

同国の経済を一身に支える縫製産業は、このような綱渡りの中で成り立っている。2013年4月、1000人を超える死者を出した縫製工場倒壊事故に代表されるように、昨今繰り返される縫製工場における悲劇は、現在のバングラデシュの状況をある意味で象徴しているといえよう[48]。バングラデシュの高い経済成長率が国民の豊かさに反映されるようになるまでには、改善点が多岐に見受けられる。

参考文献

（日本語）

秋田茂（2012）『イギリス帝国の歴史』中央公論新社。

石上悦朗　（2007）「南アジア3か国（スリランカ、バングラデシュ、インド）繊維産業・アパレル産業現地調査について」『福岡大学研究部論集B社会科学編』福岡大学研究推進部。

―――――・佐藤隆広編（2011）『現代インド・南アジア経済論』ミネルヴァ書房。

臼田雅之・佐藤宏・谷口晉吉編（1993）『もっと知りたいバングラデシュ』弘文堂。

大橋正明・村山真弓編（2009）『バングラデシュを知るための60章』明石書店。

JETRO（2004）『多角的繊維協定（MFA）撤廃による南西アジア繊維産業への影響に関する調査』日本貿易振興機構。

日本繊維協会調査委員会（2007）『繊維産業におけるチャイナプラスワン調査報告書』。

山形辰史（2013）「繊維・衣類産業」村山真弓・山形辰史編　『バングラデシュ製造業の現段階　調査研究報告書』所収、アジア経済研究所。

長田華子（2014）『バングラデシュの工業化とジェンダー―日系縫製企業の国際移転―』お茶の水書房。

深澤光樹（2014a）「バングラデシュ経済構造の分析―縫製産業を中心として」明治大学大学院『商学研究論集』第40号、2014年2月。

――――― (2014b)「バングラデシュ経済と緑の革命」明治大学大学院『商学研究論集』第41号、2014年9月。

48　2013年4月24日、ダッカ近郊の縫製工場を含む八階建の複合施設、ラナ・プラザが倒壊した。死者は1000人を超え、バングラデシュの縫製産業史上最悪の事故となった（BBC, *News Asia, 10th May 2013, Bangladesh Factory collapse toll passes 1,000* ‘http://www.bbc.co.uk/news/world-asia-22476774　2013年11月21日　閲覧’　を参照）。バングラデシュでは2006〜2009年の間に少なく見積もっても213工場で火災が発生し、414名の縫製工が死亡している。2009年以降も、四つの縫製工場における事故で、少なくとも165名が命を落とした。2012年11月24日にはタズレーン社の工場から出火し、少なくとも112名が亡くなった。以降、翌年1月28日までに28件の工場火災が確認されている［Theuws et al. 2013：5, 39］。

ポメランツ、ケネス・トピック、スティーブン著、福田邦夫・吉田敦訳（2013）『グローバル経済の誕生―貿易が作り変えたこの世界―』筑摩書房。
堀口松城（2009）『バングラデシュの歴史』明石書店。
吉岡昭彦（1975）『インドとイギリス』岩波書店。
リボリ、ピエトラ著、雨宮寛・今井章子訳（2007）『あなたのＴシャツはどこから来たのか？』東洋経済新報社。
渡辺利夫（1985）『成長のアジア停滞のアジア』東洋経済新報社。

（英語）
Bangladesh Bank（2013a）*Annual Report 2012-2013*, Dhaka, Government of the People's Republic of Bangladesh.
――――――（2013b）*Annual Import Payments 2012-2013*, Dhaka, Government of the People's Republic of Bangladesh.
――――――（2013c）*Export Receipts 2012-2013*, Dhaka, Government of the People's Republic of Bangladesh.
Bangladesh Bureau of Statistics（2011）*Report of the Household Income & Expenditure Survey 2010*, Dhaka, Government of the People's Republic of Bangladesh.
BEPZA（2013）*Annual Report 2011-2012*, Dhaka, Bangladesh Export Process Zones Authority.
BKMEA（2011）*Apparel Exports Statistics of Bangladesh: Fiscal Year 2010-2011*, Dhaka, Institute of Apparel Research & Technology.
Burns, Leslie Davis, Kathy K. Mullet, and Nancy O. Bryant（2011）*The Business of Fashion : Designing, Manufacturing and Marketing 4th edition*, New York, Fairchild Books.
Collines, Jane L.（2003）*Threads*, Chicago, The University of Chicago Press.
Fair Wear Foundation（2006）*Background Study Bangladesh*. http://www.fairwear.org/ul/cms/fck-uploaded/archive/2010-01/bangladesh_fwf_country_study.pdf（DL：2014年10月2日）
Fernandez-Stark, Karina, Stacey Frederick and Gereffi Gary（2011）*The apparel Global Value Chain: Economic Upgrading and Workforce Development*, Duke University Center on Globalization, Governance and Competitiveness.
Fukunishi, Takahiro, Kenta Goto and Tatsufumi Yamagata（2013）*Aid for Trade and Value Chains in Textile and Apparel*, OECD/WTO/IDE-JETRO.
Gereffi, Gary（1999）"International trade and industrial upgrading in the apparel commodity chain", *Journal of International Economics*, Vol. 48, pp. 37-70,

Amsterdam, Elsevier LTD.
——— and Olga Memedovic (2003) *The Global Apparel Value Chain : What Prospects for Upgrading by Developing Countries*, Sectoral Studies Series, Vienna UNIDO.
Gonzales, Amiee (2002) *Sustainable Trade in Textile and Clothing, Dialogue Report from the Expert Panel on Trade and Sustainable Development*, Switzerland, World Wide Fund for Nature.
Harvey, David (2010) *The Enigma of Capital*, London, Profilebooks ltd (森田成也・大屋定晴・中村好孝・新井田智幸訳『資本の謎』作品社、2012年).
Hasan, Md. Rajib, and Mohammad Abdul Alim (2010) "Factors Affecting Supply Chain Management Efficiency in Cross Border Outsourcing: A Case Study of H&M and its Outsourcing Operation in Bangladesh", Master Degree Project No. 2010: 60, University of Gothenburg.
Habib, Md. Rakib Ibne (2009) "Backward Linkages in Readymade Garment Industry of Bangladesh: Appraisal and Policy Implications", *Journal of Textile and Apparel, Technology and Management*, Vol. 6 Issue.2, NC state university.
Haider, Mohammed Ziaul (2007) "Competitiveness of the Bangladesh Ready-made Garment Industry in Major International Markets" *Asia-Pacific Trade and Investment Review*, Vol. 3 No. 1, pp. 1-27, New York, United Nation.
Inditex (2014) *Annual Report 2013*.
http://www.inditex.com/documents/10279/18789/Inditex_Group_Annual_Report_2013.pdf/88b623b8-b6b0-4d38-b45e-45822932ff72 (DL：2014年10月2日)
Islam, Md. Mazedul, Adnan Maroof Khan and Md. Monirul Islam (2013) "Textile Industries in Bangladesh and Challenges of Growth", *Research Journal of Engineering Sciences*, Vol. 2 No. 2, pp. 31-37, International Science Congress Association.
Khan, Shahrukh Rafi (2009) *Export Success and Industrial Linkages: The Case of Readymade Garments in South Asia*, New York, PALGRAVE MACMILLAN.
Luebker, Malte (2014) *Minimum wages in the global garment industry*, Fact Sheet, ILO Regional Office for Asia and the Pacific.
McKinsey (2011) *Bangladesh's ready-made garments landscape: The challenge of growth*, Apparel, Fashion & Luxury Practice.
Ministry of Finance (2013) *Bangladesh Economic Review 2012*, Dhaka, The Central Bank of Bangladesh.
Mostafa, Romel and Steven Klepper (2011) *Industrial Development through Tacit Knowledge Seeding: Evidence from the Bangladesh Garment Industry*, unpub-

lished working paper.

Mottalbe, Khondoker Abudul, and Tetsushi Sonobe (2011) "An Inquiry into the Rapid Growth of the Garment Industry in Bangladesh", *Chicago Journals*, Vol. 60 No. 1, pp. 67–89, Chicago, The University of Chicago Press.

Mowat, Adrian and Deanne Gordon (2007) *Ho Chi Minh Trail to Mexico: Launching the JPMorgan Frontier Five and EM8*, Emerging Markets Equity Research, JPMorgan.

Nasrin, Shamina, Angathevar Baskaran and Mammo Muchie (2010) *A Study of Major Dererminants and Hindrances of FDI inflow in Bangladesh*, DIR Research Series Working Paper No. 144, Research Center on Development and International Relations & Department of Culture and Global Studies Aalborg University.

Nordås, Hildegunn Kyvik (2004) *The Global Textile and Clothing Industry post the Agreement on Textiles and Clothing*, Discussion Paper No. 5, Geneva, World Trade Organization.

Pickles, John and Adrian Smith (2011) "Delocalization and Persistence in the European Clothing Industry : The Reconfiguration of Trade and Production Network", *Regional Studies*, Vol. 45 No. 2, pp. 167–185, Regional Study Association.

Rahman, Mustafizur (2011) *Trade Benefits for Least Developed Countries: The Bangladesh Case ― Market Access Initiatives, Limitations and Policy Recommendations ―*, unpublished working paper.

Rahman, Afsana (2012) *Foreign Direct Investment in Bangladesh: Prospects and Challenges, and Its Impact on Economy*, Asian Institute of Technology School of Management.

Saxena, Banerjee and Vélonique Salze-Lozac'h (2010) *Competitiveness in the Garment and Textiles Industry: Creating a Supportive Environment-A Case Study of Bangladesh*, Occasional Paper, No. 1, The Asian Foundation.

Theuws, Martje, Mariette Van Hujistee, Pauli Overeem and Jos Van Seters (2013) *Fatal Fashion: Analysis of Recent Factory Fires in Pakistan and Bangladesh ― A Call to Protect and Respect Garment Workers' Lives ―*, Amsterdam, Stichting Onderzoek Multinationale Ondernemingen.
http://somo.nl/publications-en/Publication_3943/at_download/fullfile (DL：2014年10月２日)

USAID (2007) *Gender and Trade Liberalization in Bangladesh: The Case of The Ready-Made Garments*, Gender Access to Trade Expansion Project, The Women in Development IQC.

——— (2009) *Cost Competitiveness of Pakistan's Textile and Apparel Industry*, Virginia, Nathan Associates Inc.
UNCTAD (2012) *Bangladesh Sector-Specific Investment Strategy and Action Plan : G20 Indicators for Management and Maximizing Economic Value Added and Job Creation from Private Investment in Specific Value Chains*, Pilot Study.
Willson, Dominic and Anna Stupnytska (2007) *The-N 11 : More Than an Acronym*, Global Economics Paper, No. 153, Goldman Sachs.
Yunus, Mohammad and Tatsuya Yamagata (2012) "The Garment Industry in Bangladesh" Takahiro Fukunishi ed., *Dynamics of the Garment Industry in Low-Income Countries : Experience of Asia and Africa*, IDE-JETRO Interim Report.

（ウェブサイト）
税関（http://www.customs.go.jp/index.htm）
ユニクロ（http://www.uniqlo.com/jp/）
Bangladesh Bank（http://www.bangladesh-bank.org/）
Bangladesh Bureau of Statistics（http://www.bbs.gov.bd）
Bangladesh Export Processing Zone Authorit
（http://www.epzbangladesh.org.bd/）
Bangladesh Garment Manufacturers and Exporters Association
（http://www.bgmea.com.bd/）
Bangladesh Knitwear Manufacturers & Exporters Association
（http://www.bkmea.com/）
Bangladesh Textile Mills Association
（http://www.btmadhaka.com/index.html）
British Broadcasting Corporation （http://www.bbc.co.uk/）
Export Promotion of Bureau（http://www.epb.gov.bd/）
Fair Wear Foundation（http://www.fairwear.org/）
GAP. Inc.（http://www.gapinc.com/content/gapinc/html.html）
H&M（http://about.hm.com/en/About.html）
International Labor Organization（http://www.ilo.org/global/lang-en/index.htm）
Inditex（http://www.inditex.com/en）
IndustriALL（http://www.industriall-union.org/）
Market Watch Wall Street Journal（http://www.marketwatch.com/）
Ministry of Commerce（Bangladesh）（http://www.mincom.gov.bd/）
Ministry of Finance　http://www.mof.gov.bd/en/
Ministry of Textiles & Jute　http://www.motj.gov.bd/index.php?lang=en

World Trade Organization　http://www.wto.org/

第3章　サブサハラ―食料・農業問題とケニア

佐々木優

はじめに

アフリカ17ヵ国が独立を達成した「アフリカの年」から3年後の1963年、ケニアはイギリス植民地からの独立を成し遂げた。もっとも、独立に至るまでには、イギリスに抑圧され続けた大勢のケニア人が"支配からの脱却"を目指して闘争しており、幾万もの人々の血がケニアの大地に浸み込んでいる[1]。だが1963年の独立から半世紀以上を経た今日、ケニア（ケニア人）は本当の意味で支配から脱却し、困窮から抜け出しているのか。

国連食糧農業機関（FAO）はサハラ以南のアフリカ諸国（以下、アフリカ）に言及し、アフリカ人の3分の1が飢餓状態に陥り、アフリカ14ヵ国が慢性的な栄養失調の問題を抱えているとして、食料危機の深刻化を指摘している［FAO2006：23-28］[2]。ケニアもまた、他のアフリカ諸国と同様に食料不足や貧困、経済格差、権威主義体制による

1　1940年代後半、宗主国から移住や重税、賃労働を強いられた農民が「マウマウ」という抵抗組織を結成、土地所有の復権や支配からの脱却を目指して大規模な反乱を繰り広げた［Throup 1988：10-11, 111-112］。

2　尚、本章では「食糧」および「食料」の2種類の用語を用いる。「食糧」は主食となる穀物を指し、「食料」は穀物に加えて、野菜や肉・魚類など、食料全般を指す語彙として用いる。

弾圧、大規模な暴動等、人々の生活を脅かすような問題を抱えた国の一つである[3]。特に都市部のスラムや農村部では大勢の人々が貧困や食料不足に陥っており、世界銀行によるとケニアの全人口の6割以上が一日2ドル以下の生活を余儀なくされている[4]。また国際協力機構（JICA）の調査によると、最低限の生活を維持できない貧しい人々は国民全体の5割近くに達しており、中でも農民（農村部）に貧困が蔓延している［JICA・NTC2014］。

先進諸国から「アフリカの優等生」と讃えられ、莫大な投資が流入するケニアを“光”の側面とすると、大勢の人々が困窮した生活に囚われている現状はケニアの“影”の側面と捉えることができる。しかも、影の側面が独立から現在まで続いているため、光の側面は表層的なものに過ぎない。ケニアの実態は、経済成長や直接投資（FDI）を象徴する高層ビルの背後に広がる巨大なスラムであり、貧しい人々の苦悩が肥大化し続ける世界である［福田 2009：72-73］。では何故、経済成長や投資・開発援助は農民の生活環境を改善していないのか。換言すれば、何が彼らの苦悩や不満を助長しているのか。

独立後ガーナの初代大統領であるエンクルマ（K. Nkurumah）は、独立を成し遂げたはずのアフリカ諸国が経済的もしくは金融的手段を通じて、未だに西欧列強諸国の支配（新植民地的支配）下にあることを主張し、「新植民地主義下の国家への『援助』は、新植民地主義の主人により支払われ、新植民地主義下の国家を通過し、そして増大した利益をもって新植民地主義の主人に帰ってくる回転クレジットにすぎない」［エンクルマ 1971：16］と批判している。またスーザン・ジョージ（Susan George）は、欧米多国籍企業が途上国農業に及ぼす影響を

3　また人々の生活に間接的な影響を及ぼす問題として、例えばソマリア沖で多発している海賊事件があげられる。海賊事件では、身代金目的の船舶襲撃に加えて、食糧支援物資を輸送中の船舶も襲撃されており、巨大な貿易港を有するケニアにとって、停泊する船舶の減少や支援物資の滞りをもたらし得る［佐々木 2013a：48-53］。

4　世界銀行が公表する数値はWDI（2014年11月6日閲覧）を参照。

分析し、「欧米アグリビジネスの途上国農業への進出は、現地の農村社会を崩壊させるだけである」[George 1977：133] と指摘している。さらに福田邦夫は、アフリカ人エリートの実像に焦点を当て、①“莫大な富を占有している一部の富裕層や権力者”と“深刻な飢餓状態に陥っている大勢の貧しい人々”という隔たりがアフリカ諸国の中に存在すること、②アフリカの権力者は、利ざや獲得という思惑が莫大な累積債務と構造調整政策（SAP）によって頓挫し、ドナーである債権国や国際金融機関の従順な“飼い犬”に変貌したことを指摘している[福田 2007：113-115][5]。そして福田は、“飼い犬”であるアフリカの権力者と“飼い主”であるドナーが換金作物栽培、もしくは鉱物資源の採掘に大勢の農民や子どもを駆り出し、莫大な富を得ている実態を批判している。

他方でドナーは、FDI や開発援助、SAP 等の支援策を有効且つ不可欠な手段として、諸問題の原因を途上国の構造的不備に求めている。例えば、ケニアの SAP 実施（1980 年）を主導した IMF・世界銀行は、1990 年代以降もケニア経済が好転していない状況に対して、国内の政治経済構造の問題を指摘するとともに、SAP が最良の政策であると強調している [World Bank/IBRD 1980-1993; 1994]。また国連貿易開発会議（UNCTAD）はアフリカの経済発展に関する報告書の中で、「投資はアフリカの成長を加速させる要因である。（中略）投資は経済成長と連関しており、長期的な成長を遂げる際の有効な手段である」[UNCTAD 2014：12] と指摘している。さらにアフリカ開発銀行（African Development Bank：AfDB）も、①国際的な食料・金融危機下にあって、多くのアフリカ諸国が恒常的な成長を遂げていること、②一日 1.25 ドル以下で生活する人々の規模は 1981 年で全体の 50％超

5　本章で論じる開発投資・支援の主体には、アメリカや日本などの先進国（債権国）、IMF・世界銀行に代表される国際金融機関、先進国に本社を置く多国籍企業の３つがある。そのため本章では、これら３つの主体を総称する際には「ドナー」と表記し、特筆する場合には個々の名称を用いる。

であったが、2012年には45%以下まで減少したことを根拠に、貧困削減における経済成長の意義とアフリカの潜在的な成長の可能性を称賛している［AfDB 2014：24］。

ただしケニアの実態を考察したとき、農民の空腹を満たすことのない換金作物を生産し続ける歪んだ農業が、恒常的な経済成長の背後に垣間見える。しかもケニアの貧困および食料問題は深刻化しており、経済成長やFDIが問題を改善するという国際機関の楽観的な視点とは対照的な状況にある。また多国籍企業の進出は人々の生活に様々な悪影響を及ぼしているため、ケニアは、福田らが指摘するドナーによる弊害の顕著な国である。すなわち農民の生活や農業生産の歪みは、その背後に、自身の利益のみを追求しようとする先進諸国や多国籍企業の存在が垣間見える。そこで本章では、ケニアの貧困・食料問題を考察し、①諸問題がスラムや暴動というかたちで都市部に波及していること、②問題の背景として、換金作物依存と食料不足の構造を整理し、農業生産における歪みを明確にすること、③ドナーによる介入（投資）がケニア人農民の生活環境を一層劣悪にしていること、の3点を解明する。

［1］農民の苦悩とスラムの形成

ケニアに住む人々は様々な問題を抱えているが、特に貧困および食料問題は人々の生活に多大な悪影響を及ぼすとともに、スラムの巨大化や2007年末に発生した大規模な暴動にも連関している。他方、独立以後のケニアは年平均4.8%という安定した経済成長を遂げており、FDIの流入額も1990年代の0.5億ドル（年平均）から2.6億ドル（2012年）に拡大している。だが世界銀行によると、ケニアの全人口に占める貧困層（1日2ドル以下）の割合は、42.7%（1997年）から67.2%（2005年）に上昇しており、経済成長から乖離した人々が増加傾向にあることを示唆している[6]。特に農民の貧困状態は深刻化して

図 3-1　地図：ケニア各州

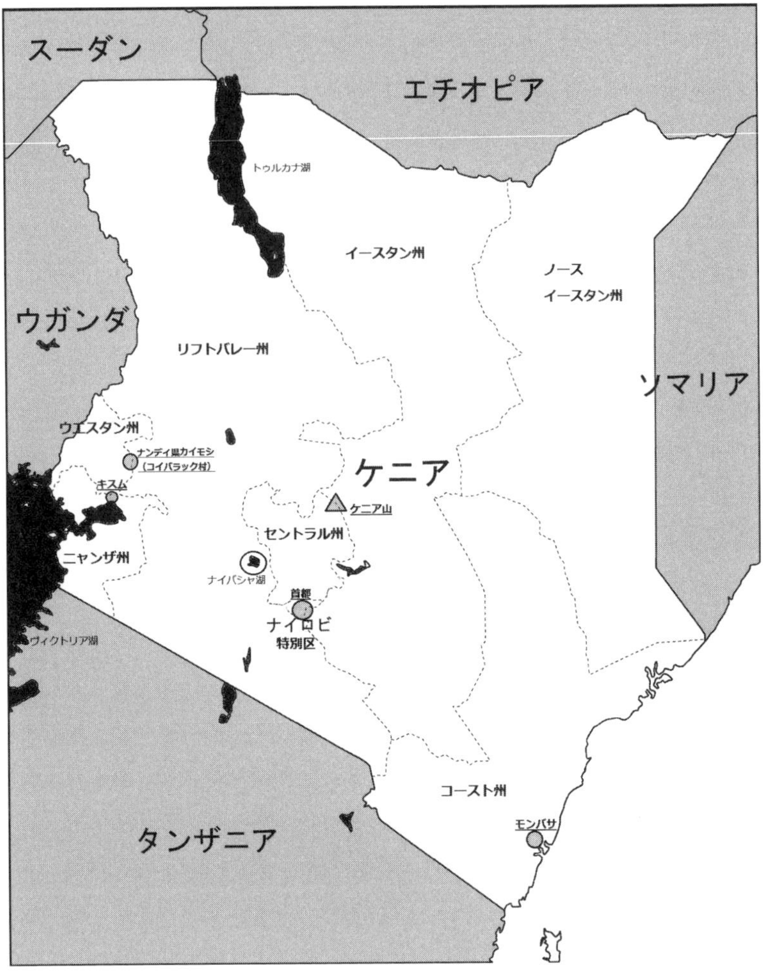

（出所）筆者作成。

いる。

筆者が2011年に実施した「ケニア西部（コイバラック村）における農民の生活および農業生産に関する実態調査」の結果、同地域に住むほとんどの農民は、平均月収が3000ケニア・シリング（KSh：1KSh = 1.2円）であり、都市部住民の3分の1程度の所得で生活していた。しかも農民の中には、土地なし農民や低賃金労働に従事する人、10人以上の家族を一人で養っている人も存在する。農民が深刻な貧困状態に陥っている背景には、①冷害や干ばつの影響から、換金作物の生産量が不安定であること、②農作物の市場価格が乱高下しており、安定した収入を得られないこと、③雇用機会が都市に集中していること、④プランテーション農場や都市部の日雇労働は低賃金であり、十分な生活費を確保できないこと、などがある。さらに、2000年代の穀物市場価格高騰や東アフリカ地域で発生した大規模な干ばつなど、食料に起因する問題が貧困に拍車をかけている。

ケニアでは、都市部・農村部を問わず、大半の家庭がトウモロコシ（トウモロコシの粉で作ったウガリという料理）を主食としているため、トウモロコシ生産の減少は、食料摂取量の減少や穀物輸入の拡大、食費の増加等の弊害をもたらす。ケニア統計局によると、家計支出に占める食料の購入費、すなわち食費の割合（以下、食費率とする）はケニア全体で平均約62％であり、外食も含めると68％となる。食費率を都市・農村別で見ると、所得水準の高い都市部では一世帯平均52.4％だが、低所得層の多い農村部では食費率が68.4％に達する［KNBS 2008：13-14］[7]。農業生産を行っていない都市部の住民に加えて、生産者である農民が食料自給の未達成に陥っているため、国民の大半

---

[6] 2％未満もしくはマイナス成長となったのは1970年、1975年、1982～1984年、1991～1993年、1997年、2000年、2002年、2008年の延べ12年間であり、いずれも農産物価格の停滞や政権交代に伴う情勢不安等の混乱が生じた年である。

[7] 多くの世帯が家計の大半を食費に充てているが、都市部住民の食費が多い理由は農村部と異なり、主に高・中所得者層が高価な食品を購入していることにある。

が必要最低限の食料さえも摂取できずにいる［*ibid*：5-10］。さらに穀物価格の変動が農民の食料問題を一層深刻にしている。

2007年以降、国際市場における穀物価格は急激に高騰しており、トウモロコシの国際価格は1トン当たり187.8ドルから397.9ドル（2000〜2008年、以下同順）、また小麦は1トン当たり198.5ドルから376.6ドルに上昇している。国際市場価格が急騰した要因には、①新興国の経済発展および人口増加に伴う食糧需要の増大、②バイオ燃料産業の活発化に伴い、関連作物への転作が盛んになったこと、③バイオ燃料や食糧需要を受けて、関連作物の先物市場における投機が過熱したこと、④オーストラリアなど穀物大国が干ばつや冷害等の影響で不作に陥ったこと、⑤アジアやラテンアメリカの穀物輸出国が国内物価の抑制もしくは国内消費の増加を理由に輸出制限策を打ち出したこと、などがあげられる［勝俣2008：47、Kamara, at al.2009：1-10］[8]。ケニア国内における農産物価格も上昇傾向にあり、特に2008年以降の穀物価格の変動を受けて、例えばトウモロコシの国内価格は2000年時の1.9倍に、小麦は2.2倍に高騰している［佐々木2013c：21］。そのため、食費が家計の大部分を占める農民は食費率の上昇が不可避となり、食料を確保するためにも現金収入か自給率（食料の生産量）のいずれか、もしくは両方を増やさなければならなかった。

しかし農業生産性は向上しておらず、しかも2008年には大規模な暴動が起こり、2010年には東アフリカ地域で深刻な干ばつ被害が発生したため、農民は直ちに農業生産を増やすことができなかった。2000〜2006年の食料輸入額は3.2億ドル／年であったが、2007〜2011年には約3倍の9.7億ドルに達し、穀物輸入だけでも5.3億ドルを費やしている（表3-2を参照）。そのため穀物輸入の増加は、FAOが貧困層への悪影響を危惧しているように、食料不足と低所得に直面

---

8 国際市場における価格高騰は、ケニアに限らず、アフリカ全体の市場価格にも多大な影響を与えている。特に農産物を自給していない都市部では食料価格の高騰に反発した人々が暴動を起こした事例も見られる［福田2010：87-92］。

表3-1　農産物の国内価格の推移（USドル／トン）

	2000	2001	2002	2003	2004	2005	2006	2007	2008	2009	2010	2011
コーヒー	1511	1499	1519	1281	1844	1574	2752	2585	2562	2528	5011	6724
紅茶	1998	1666	1478	1553	1604	1565	2017	1765	2315	2751	2784	2997
トウモロコシ	190	169	142	158	194	202	213	233	354	309	217	283
ミレット	311	299	328	375	404	486	546	574	768	733	730	767
コメ	300	200	143	213	329	379	415	505	528	750	758	954
ソルガム	204	187	241	276	291	332	366	392	513	634	436	517
小麦	211	229	219	255	280	241	271	425	460	380	368	341

（出所）FAOSTAT（2014年11月9日閲覧）より筆者作成。

する小農にとって、現金収入、換言すると都市部への出稼ぎを不可避にしている［FAO 2009：25-28］。

ケニアの首都ナイロビには、大勢の人々が出稼ぎに来ており、キベラ地区をはじめとするスラム街が高層ビル群の周辺に形成されている。キベラはナイロビ中心部の南西7キロメートルの工業地区に隣接するケニア最大のスラム地区である[9]。国連人間居住計画（UN-Habitat）によると、ナイロビ市内にある十数ヵ所のスラム全ての人口は合計100万人以上であり、キベラ地区に限定すると、40万人以上の人々が居住している［UN-Habitat 2003：90］。ナイロビの人口は約300万人であり、住民の3分の1が、ケニアの農村部や近隣諸国出身の出稼ぎ労働者をはじめとする、一日2ドル以下で生活する“スラムに住む貧しい人々”である。

また大勢の貧しい人がスラムに居住しているため、ケニア政府はナ

9　キベラ・スラムの全長は縦1キロメートル、横3.5キロメートル（湾曲した地域のため、総面積は約2.5平方キロメートル）となっている［Binacchi 2010：32-33］。ナイロビ市内では、仮にスラムであっても土地の所有者が存在し、多くの場所で地代が発生する。そのため、危険もしくは不衛生な場所は比較的地代が安価（もしくは無料）であり、特に線路沿いの地域は出稼ぎ労働者（貧しい農民）にとって最も安価で利用し易く、スラムが形成されやすい地域であった［石井 2009：15-16］。

表3-2　ケニアの穀物輸入量および金額の推移（2000～2011年）

輸入量（1000 t）	2000	2001	2002	2003	2004	2005	2006	2007
トウモロコシ	409.4	314.4	16.3	100.1	241.8	94.0	147.0	113.8
ミレット	1.1	0.8	0.1	2.6	2.1	3.6	0.6	38.6
コメ	105.7	137.5	137.8	191.7	223.2	228.1	259.1	259.1
小麦	632.2	637.9	539.5	480.3	404.1	621.9	650.5	668.1
ソルガム	1.5	0.4	0.0	0.1	0.2	17.2	37.7	0.6
合計	1,165.0	1,119.5	707.8	781.9	883.0	969.6	1,098.7	1,136.0

輸入量（100万ドル）	2000	2001	2002	2003	2004	2005	2006	2007
トウモロコシ	76.9	41.9	2.9	16.0	58.7	23.5	43.1	18.8
ミレット	0.2	0.1	0.1	0.3	0.3	0.7	0.1	7.2
コメ	33.8	35.4	25.7	36.2	46.3	52.5	63.0	70.1
小麦	125.5	99.9	63.2	78.9	85.4	105.4	111.2	171.1
ソルガム	0.2	0.1	0.0	0.0	0.0	4.5	12.4	0.2
合計（穀物のみ）	239.9	185.7	94.9	133.7	193.3	187.6	230.5	290.7
食料全体	357.8	365.3	178.5	238.9	306.2	333.3	429.0	573.8

（出所）FAOSTAT（2014年11月9日閲覧）より筆者作成。

イロビ市内の治安維持を理由に、スラムと都市の間に3メートル以上の高い塀やフェンスを設け、中心部—スラム間を出入りする住民（仕事等の理由を除く）の監視を行っている。筆者が2009年にスラムの生活環境を調査した際、スラム入口のフェンス付近に設けられた管理事務所でケニア警察の審査を受けており、監視体制が厳重であることを伺わせる。加えて、同調査では現地のガイドとガードマン2名が同行したが、ガイドおよびスラムの住民に治安状況の聞き取りを行った結果、外国人がガードマン等の帯同無しにスラム内を移動することは、治安上ほぼ不可能であると注意された。外国人が無防備な状態でスラム内を移動する場合、まず入口の事務所が入域を許可せず、仮に許可を得たとしても、域内に住む失業者や薬物依存に陥った人から即座に襲撃される危険性が高いとのことであった。他方、住民間の襲撃に関して、①住民同士は顔見知りが多く、危害を加えようとしないこと、

2008	2009	2010	2011
243.7	1,508.4	229.6	258.5
11.3	12.1	16.9	2.4
264.8	296.2	282.3	358.1
538.5	781.7	844.6	1,467.7
3.3	58.8	10.0	58.2
1,100.2	2,710.8	1,420.0	2,229.0

2008	2009	2010	2011
97.0	439.2	69.1	88.8
2.6	2.1	3.9	0.8
87.1	96.1	100.5	191.1
202.8	179.1	220.1	457.2
0.9	24.4	2.9	19.5
403.6	768.3	407.5	785.9
687.9	1,109.6	840.1	1,623.1

②貧しい住民が大半であり、襲撃するメリットが少ないこと、③スラム内は10地区に区分されており、各地区の代表者（首長）が監視・統治を行っている等の理由から、住民が他の住民を襲撃する可能性は低いという[10]。

キベラ・スラムが貧しい人々や出稼ぎ労働者の巣窟となっていることは、スラム内のマーケットの商品価格にも表われている。スラムには食料品や衣類の小売店、飲食店、携帯電話の販売店、小学校、教会など、様々な商店や公共施設が設けられている。またスラムで販売されている食料品や雑貨等の価格は、ナイロビ中心部で販売されている商品の半額以下となっている。ただし、いずれも同一の市場から仕入れた商品であり、品質等も同様であるため、ナイロビで販売される商品には、居住地区によって異なる価格設定（二重価格）が存在している。換言すれば、ナイロビ中心部―スラム間に見られる二重価格は、スラムの住民が高層ビルに住む富裕層と異なる生活状況にあり、「スラム＝恒常的な貧困の代名詞」であることを示唆している。しかもスラムに集まる人々は、食料不足や貧困状態のために農村から出稼ぎに来た“元”農民であり、家族を養うために僅かな賃金の大部分を農村の家

10 ケニアではM-PESAに代表される携帯電話を利用した送金システムが、都市から農村への送金手段として普及している。M-PESAの利用者は2012年時点で1500万人以上、年間送金額も約4000億KShに達しており、スラムにもM-PESAの利用代理店が設置されている。また送金は携帯電話の電子マネーで行うため、スラムの住民は現金を持ち歩く必要がなく、強盗に合う危険性も少ない。

族に仕送りする父親や息子であった［松田 1999：60］。

だが食料品の価格高騰は、貧しい人々の生活に多大な悪影響を及ぼすとともに、僅かな賃金で家族を養っていた出稼ぎ労働者に強い不満を抱かせた。家計支出の大半を食費に充てていた農民は、父親や子息が出稼ぎに行くことで辛うじて生活を維持していた。だが労働者の中には、上昇する食料価格を賃金収入だけで補えず、強盗やスリなどを犯す人々も現れるようになった。そして、2007年末の大統領選挙における“キバキ（Mwai Kibaki）再選”は、耐え忍んでいた人々の不満を噴出させる起爆剤となり、死者1000人以上、国内避難民60万人以上という大規模な暴動に帰結した[11]。2008年、ケニア政府は暴動の鎮静化を妨げた一因として、警察官や機動隊が内部分裂していたことをあげている［CIPEV 2008： 28-35］[12]。しかし、混乱の背景には農村やスラムに住む人々の苦悩と不満があり、特に選挙後暴動は、貧困および食料対策の鈍化に加えて、スラム撤去計画を掲げるキバキ政権への反発が具現化したものである。

貧困や食料不足が小農を中心に深刻化しており、加えて、これら問題が出稼ぎ労働を介して都市部に波及しているため、ケニアが目指すべき施策は、不足している食料を増産し、自給率の向上を図ることにある[13]。しかし、ケニア農業の実態は、必ずしも食料増産に向かって

---

11 2007年末の選挙では、劣勢のキバキが僅か2日で30万票獲得したため、反キバキ派は不正選挙と非難し、選挙のやり直しを求めた。しかしキバキは、自身の側近が役員を務める選挙管理委員会を介して、大統領選挙のやり直しの必要性を否定している［津田 2010：10-13］。

12 ケニア政府が設立した「選挙後暴動に関する調査委員会」は、2008年10月に調査報告書を公表している。ただし同報告書では、政策の不備や食料・貧困問題等、農民の不満に起因する影響が指摘されていない。

13 アフリカの食料不足に関して、川島は食料供給および生産上の不備、特に休耕地（未使用の農地）を食料生産に用いていないことを問題にあげている［川島 2009：49］。しかし焼畑農業や休耕地はアフリカ農業の伝統であり、且つ地力の急激な低下を回避する上でも不可欠である［川端 1987：67-70］。すなわち川島の指摘は、アフリカの食料問題における根本要因を的確に捉えていない。

おらず、大勢の農民が食料を増産できない状況に陥っている。また、食料増産に直結しない換金作物栽培が進められていることも、食料危機を深刻にしている。換言すると、ケニアでは、生産に携わる貧しい農民の要望と異なり、“ケニアの人々が食べるモノ”以外の作物が重視されているのである。

［2］農業生産の歪み

(1) 主要換金作物の特性

ケニアでは農業部門がGDPの約3割を占めており、労働者の7割以上が農業に従事している。また換金作物は、総輸出の大部分を占める重要な輸出産品であり、大勢の農民にとっても貴重な現金収入源となっている。ケニアの国土は約59平方キロメートルであるが、地質や気候、水源の有無による制約から、農耕に適した土地（以下、好適農地）は国土の15.5％（817.2万ヘクタール）に限られる。加えて、好適農地はケニア中西部に位置するセントラル州やリフトバレー州、ニャンザ州に集中しているため、ケニアの農産物輸出の主軸であるコーヒー、紅茶、園芸作物は、これら3州が主な栽培地域となっている。ただしコーヒー、紅茶、園芸作物は、栽培開始の背景や生産増減の転機など、その特性に相違が見られる。

例えばコーヒーは、栽培地域が「コーヒー・ベルト」と呼ばれる南北両回帰線25度の間の熱帯・亜熱帯地域に限定されるとともに、コーヒーの品種によって栽培条件に差異がある。コーヒーの品種は、高品質だが栽培条件の制約が多く、疫病等に弱いアラビカ種（Arabica）と、アラビカ種よりも低品質であるが、栽培条件が緩和され、疫病への耐性も強いロブスタ種（Robusta）の2種類に大別できる[14]。アラビカ種の栽培条件には、(1) 平均気温18〜25度、(2) 標高1000メートル以上、(3) チッ素やリン等を多く含む水はけの良い酸性土壌、(4) 年間降雨量1600ミリ以上で雨季と乾季が交互に訪れる気候、(5) 直

表 3-3 ケニア各州における好適農地の割合と人口分布

	国土面積（1万 ha）	農地面積（1万 ha）	農地／国土面積（%）	好適農地面積（1万 ha）	好適農地／農地（%）	各州の好適農地／全好適農地（%）
セントラル州	132.2	96.8	73.2	91.2	94.2	11.2
ニャンザ州	125.4	125.1	99.8	121.7	97.3	14.8
ウエスタン州	82.6	74.1	89.7	74.1	100.0	9.1
リフトバレー州	1,825.3	1,536.9	84.2	302.8	19.7	37.1
イースタン州	1,633.9	1,483.6	90.8	53.4	3.6	6.5
コースト州	827.9	681.4	82.3	172.4	25.3	21.1
ノースイースタン州	1,271.9	1259.1	99.0	0	0.0	0.0
ナイロビ特別市	6.9	5.5	79.4	1.6	29.6	0.2
ケニア総計	5,906.1	5,262.5	89.1	817.2	15.5	100.0

（出所）［高橋 2010］、［佐々木 2011］、［KNBS 1959-2013］、［EIU 1989-2012］、FAO-STAT（2014 年 11 月 9 日閲覧）、KNBS（2014 年 11 月 11 日閲覧）より算出・修正し、筆者作成。

射日光や暑さを和らげるための日陰樹を周囲に植えること等、様々な制約がある［広瀬・星田 2003：44-45］。他方、ロブスタ種は病害虫や暑さに強く、標高 1000 メートル以下でも栽培可能であり、アラビカ種よりも栽培が容易であるため、ベトナム等での生産・輸出拡大が顕著となっている。

栽培条件の合致していたケニア中央部では、ヨーロッパ人入植者が植民地支配期にアラビカ種コーヒーを持ち込み、大規模プランテーションを経営するようになった。また、各生産国は国際協定（International Coffee Agreement：ICA）の規定に基づき、国際市場価格が一定の価格帯に収まるよう、生産・輸出量の調整（輸出量の割当制限）が課せられていた。そのため、コーヒーは比較的高価で取引されており、

[14] さらにアラビカ種は、南米や東アフリカで栽培されている最高級品種のコロンビア・マイルド、中米で栽培されているアザー・マイルド、最大生産国ブラジルで栽培されているブラジル・アンド・アザー・ナチュラルの 3 種類に分けられる［妹尾 2009：203］。

1人当たり農地面積（ha）	1人当たり好適農地面積（ha）	人口（2009年：1万人）
0.2	0.2	438.4
0.2	0.3	544.3
0.2	0.2	433.4
1.5	0.4	1,000.6
2.6	0.1	566.8
2.1	0.2	332.5
5.4	0.0	231.3
0.0	0.0	313.8
1.4	0.2	3,861.1

独立以後もケニアにおける重要な外貨獲得源となった。特にセントラル州に住むキクユ人は、植民地支配期に入植者が経営するコーヒー農場に従事していた経験から、独立以後のコーヒー産業の担い手となっている。さらに1970年代半ば、コーヒーの国際市場価格は1袋（60キログラム）当たり71.7セント（1975年）から229.2セント（1977年）まで上昇している。ケニアは価格高騰を背景にコーヒー輸出を大幅に増やすとともに、1977年には経済成長率が9.5%に達したが、コーヒー輸出は、生産国間の対立や生産国―輸出国間の軋轢に起因するICA条項の機能不全（市場価格の乱高下）に伴い、急速に停滞している[15]。そして、主要換金作物の地位はコーヒーから紅茶に移行した。

紅茶は、コーヒーと同時期に持ち込まれた換金作物であり、栽培条件もコーヒーと類似する。ただし、セントラル州はコーヒーの栽培に利用されていたため、生育条件の整ったケニア中西部が主な栽培地域となり、特にリフトバレー州に住むルオ人やカレンジン人が紅茶生産の担い手となった。また紅茶は、生豆（乾燥させた種子）で輸出するコーヒーと異なり、摘み取りから遅くとも48時間以内に茶葉の揉み込みを行い、完全発酵の工程に移行しなければ品質が大きく低下する

15　ICAが機能不全に陥った主な要因には、①輸出割当量の設定に関するアメリカ―ブラジル間の摩擦、②生産国間で輸出割当量に関する対立が生じていたこと、③ICAの非加盟国や過剰なコーヒー在庫を抱えた加盟国が、ICAの基準と異なる価格設定でコーヒーを輸出していたこと、④ベトナムなどコーヒー輸出の新興国がICAの条項を遵守せず、大量のコーヒーを生産・輸出するようになったこと、などがあげられる［妹尾 2010：125-135］。

ため、ケニアは完全な商品となった紅茶を輸出できる。[大倉 2004：181-182]。

加えて紅茶は、市場価格が比較的高水準であったため、小農にとって貴重な現金獲得源であり、コーヒーに次ぐ換金作物として生産拡大が進められた[Argwings-Kodhek 2004：33-34]。さらに1990年代以降、紅茶の輸出規模はコーヒーを超え、ケニア最大の換金作物となっている。ケニアの紅茶輸出量は、世界三大銘茶を生産している中国(銘茶はキーマン)、スリランカ(同ウバ)、インド(同ダージリン)と並ぶ規模であり、特に1995〜1996年および2005〜2010年の紅茶輸出量は、これら生産国を抜き世界第一位となっている[16]。他方、切り花(園芸作物)の勃興もコーヒー輸出の停滞を補填している。

1980年代初頭まで、ケニアで栽培されていた園芸作物(ビニールハウスで栽培される農作物)は野菜や果物など、国内消費向けの農作物が主流であり、生産量もごく僅かであった。しかし世界全体の切り花需要が1980年代後半から増大し、輸出額も40億ドル超の規模となったため、ケニアは新たな換金作物(＝切り花)を栽培するようになった[World Bank/IBRD 2005：20-27]。特に1980年代以降、世界の切り花輸出の5割以上を占めるオランダの資本がケニアに進出したため、ケニアの切り花産業は急成長を遂げた。またオランダ資本は自国内で生産を拡大する上で様々な問題に直面していたため、ケニアはオランダ資本にとって、好適農地と安価な労働力の豊富な“有益な農場”であった[17]。さらにケニアは、IMF・世界銀行主導のSAPを履行中であり、オランダ資本が進出し易い国であった。

切り花栽培には冷涼で水はけの良い土壌や豊富な水源が近隣に存在

[16] 尚、各国が生産している紅茶の品種・品質が異なるため、輸出額では高品質の紅茶を輸出しているスリランカや中国が世界第一位の年次もある。

[17] オランダ国内で生産拡大を進める際の問題には、①人件費や設備の維持管理費など高額な諸経費を必要とすること、②国土が狭く、農地拡大に限界があること、などがあげられる。

すること、ビニールハウスが設置可能な地域であること等、様々な条件を満たす必要がある。特にケニア中央部のナイバシャ湖畔やナイロビの北東に位置するケニア山麓は栽培条件に合致しており、しかもナイロビへの輸送が容易な地域であったため、多くの多国籍企業が同地域を栽培地としている。また切り花の栽培・輸出には、生育環境を満たすためのビニールハウスや、開花時期を調整するための温度管理機材が備わった輸送手段を確保しなければならない[18]。もっとも、豊富な資金力を持つオランダ資本はビニールハウスの設置が容易であり、しかもオランダの航空会社KLMが1996年にケニア航空を7000万ドルで買収、切り花専用の輸送機を就航させたため、輸送上の問題も解決している［佐々木2014：62-63］。

ケニアが切り花栽培に適した国（＝農場）に変わったため、オランダ資本のオセリアン社（Oserian Ltd）やイギリス資本のデイブ・ローズ社（Dave Roses Ltd）等の多国籍企業約30社がケニアの園芸作物産業に本格進出した[19]。多国籍企業がナイバシャ湖畔一帯に巨大なプランテーションを設置し、生産拡大を試みたため、園芸作物産業は急成長を遂げ、現在では紅茶に次ぐケニア第二位の輸出産品となっている。

(2) 換金作物依存と食料不足

主要換金作物を比較すると、コーヒーは1980年代まで農産物輸出の2割以上を占めており、ケニアの経済成長に貢献していた。だが1990年代以降、コーヒーの市場価格はICAの機能不全に伴って不安定になっている。1980年代の国際市場価格（1袋あたり）は91.7セントから170.9セント（年平均128.0セント）で推移していたが、1990

[18] ビニールハウスの設置には最低11万ドルの費用が必要となるため、ケニア人農民は切り花栽培への参入が困難であった［福井2009：52-53］。

[19] ケニア国内の切り花関連企業は計72社あり、その内の約40社がバラを生産・輸出している。ケニア国内で切り花関連事業を営む企業の一覧はKenya Flower Council（2014年11月12日閲覧）を参照。

年には53.4セントから138.4セント（同95.7セント）の水準となり、さらに2000年代には45.6セントから147.2セント（86.5セント）の価格帯で乱高下している。そのため、1990〜2010年のコーヒーの輸出額は0.4〜3.0億ドルの範囲で増減を繰り返しており、輸出量は11.2万トン（1990年）から0.4万トン（2010年）に減少している。

紅茶はコーヒーほどの価格乱高下を経験しておらず、しかも1990年代以降の市場価格（1キログラム当たり）はコーヒーよりも高価であり、1990年代が164.2セントから238.6セント（年平均200.6セント）、2000年代が179.2セントから316.8セント（同234.8セント）の範囲で取引されている。そのため、輸出量は21.7万トンから33.2万トン（1990〜2010年、以下同年）へ、輸出額は2.8億ドルから11.7億ドルへと大幅に増加している。また園芸作物の場合、輸出量は7.2万トンから16.4万トンに、輸出額は1.9億ドルから5.3億ドルに増加している。紅茶および園芸作物産業の発展がコーヒー貿易の減退を補填したかたちである（図3-2を参照）。

ケニアの輸出総額は、コーヒー、紅茶、園芸作物の3品目のおかげで、1977年時点で10億ドル規模となり、2008年には50億ドル超に達している。特に農産物輸出の総額は、1990年時点で6.9億ドルであったが、2007年以降には20億ドル以上（貿易総額の53.4%超）まで拡大している。また農産物輸出の増減は経済成長率の変動と概ね合致しているため、換金作物輸出と経済成長の連関が伺える（表3-4を参照）。

ただし食料生産は停滞傾向にあるため、換金作物への偏重は、ケニア経済に“安定した成長”という利点をもたらしているが、他方で大勢の農民に貧困と食料不足を強いるものでもある。ケニアの食料生産の推移を概観すると、主食であるトウモロコシの生産量は216.0万トンから346.5万トンに、他の野菜は155.8万トンから252.7万トンに増加している。ただし、年率2.7%の人口増加や大規模な干ばつ、換金作物栽培の推進等に伴い、一人当たりに換算した穀物消費量は減少

図 3-2　主要換金作物輸出の推移

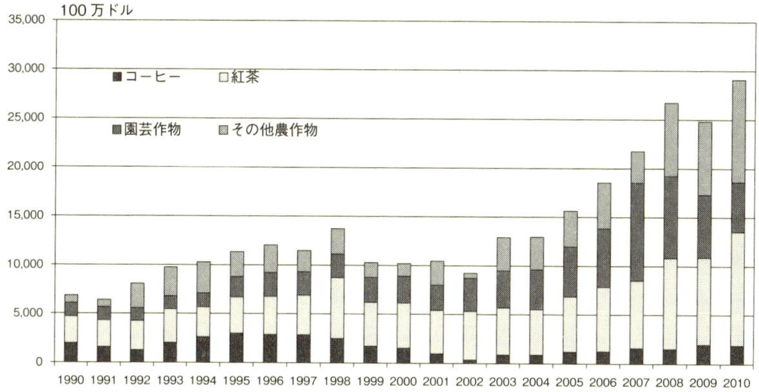

（出所）[EIU 1989-2012]、FAOSTAT（2014年11月14日閲覧）より筆者作成。

している。主食であるトウモロコシの場合、一人当たりの消費量は120.1キログラム（1970年代）から81.4キログラム（2000年代）に落ち込んでおり、国民が1年間で消費できる食料全体では、野菜の増加分を加えても、16.2キログラムも減少している。そのためケニアは、食料輸入量が1970年代で合計51.3万トンであったが、2000～2010年には年平均で119.1万トンに拡大しており、生きる上で不可欠な食料を輸入に依存する国家となっている。

食料不足の問題を“農民自身の問題”から捉えたとき、土地所有上の弊害に起因する低生産性が要因にあげられる。ケニア全土の農地規模は年々増加しているが、全人口が3144.1万人から4090.9万人（2000～2010年）に増加したため、必ずしも全農民の所有地拡大に直結しておらず、国民一人当たりの所有地（平均値）は2ヘクタール未満に留まっている[20]。JICAの調査によると、ケニア人農民の81％は小農（所有地が2ヘクタール以下）であり、ケニアの農地全体の5割以上は中・大規模農家（同10ヘクタール以上）が占有している[21]。また小農は、大規模な干ばつの発生や灌漑等の農業インフラの未整備、高価な化学肥料を使用できない等の理由で、農業生産性を向上できず

表 3-4　ケニアの対外輸出総額と経済成長率（100 万ドル）

	対外輸出総額	農産物輸出	農産物輸出／総額（%）	経済成長率（%）
1990	1,094.8	687.5	62.8	4.2
1991	1,173.2	640.6	54.6	1.4
1992	1,379.3	811.9	58.9	−0.8
1993	1,324.2	973.4	73.5	0.4
1994	1,542.6	1,026.5	66.5	2.6
1995	1,946.8	1,137.3	58.4	4.4
1996	2,131.2	1,205.0	56.5	4.1
1997	2,048.2	1,150.1	56.2	0.5
1998	2,012.8	1,373.8	68.3	3.3
1999	1,754.0	1,026.9	58.5	2.6
2000	1,774.0	1,018.0	57.4	0.6
2001	1,878.7	1,047.1	55.7	3.8
2002	2,149.9	922.7	42.9	0.5
2003	2,414.0	1,287.2	53.3	2.9
2004	2,684.0	1,293.3	48.2	5.1
2005	3,292.9	1,563.7	47.5	5.9
2006	3,436.9	1,851.3	53.9	6.3
2007	4,080.8	2,178.6	53.4	7.0
2008	5,000.9	2,668.8	53.4	1.5
2009	4,463.4	2,478.5	55.5	2.7
2010	5,169.1	2,904.4	56.2	5.8

（出所）FAOSTAT および WDI（いずれも 2014 年 11 月 14 日閲覧）より筆者作成。

にいた［高橋 2005：80-82］。

所有地の縮小に加えて、農業インフラも整備されていないため、食料不足を改善するためには食料自給の向上、すなわち好適農地を食料生産に充てることが不可欠となる。だが、好適農地は食料増産のために使用されておらず、大勢の農民は、輸入された穀物や食料品の購入によって不足分を補うか、もしくは食料不足に耐える生活を送り続けている。しかも、農地および農業生産そのものは増加しているため、食料不足には増産を阻害する要因、すなわちドナーによるケニア進出の悪影響が伺える。

[3] ドナーによる支援・投資の思惑

(1) ドナーの関与と投資拡大

大規模な干ばつによって食料不足が顕著となった1980年代、ケニア政府は食料増産以上に換金作物栽培を推進しているが、政府が換金作物栽培を推進した背景には、国際金融機関による換金作物推進の圧力が存在する。食料危機発生時のケニアは、二度の石油危機や換金作物輸出の減退に伴って、経済状態が悪化していた。さらに債権諸国から対外累積債務の返済を迫られていたため、ケニアがIMF・世界銀行に追加融資や債務繰り延べを認めてもらうためには、SAP受諾が不可避となった。換言すれば、ケニアはドナーから政治経済的主導権の形骸化を強いられ、ロバート・ジャクソン（Robert H. Jackson）が提唱する「疑似国家」に変わったのである［Jackson1990：124-129］[22]。疑似国家と化したケニアは、IMF・世界銀行管理の下、農業生産の方向性を大きく歪めなければならなかった。

---

[20] 一人当たりの所有地は1964年時点で2.8ヘクタールであるため、半世紀で平均2ヘクタール以上縮小したことになる。また、地方の農村に見られる慣習も所有地の減少を招いている。例えばコイバラック村には、家長が所有地の半分程度を子息全員に分譲するという慣習的制度が存在する。仮に所有地が10ヘクタールの場合、移譲予定の農地5ヘクタールを子息全員で分け合うため、農地の規模や場所に起因する家族間の対立が起こり得る。しかも、子息への分譲を数世代に渡って続けているため、分譲される土地は世代を追うごとに縮小している。

[21] JICAによる調査はJICA「ケニア：中南部持続的小規模灌漑開発・管理プロジェクト」（2014年11月8日閲覧）を参照。

[22] ケニアは土地や資源に対する所有権の回復、およびアフリカ人主体の政治経済・社会構造を目指して独立した国家である。だが、開発および経済成長の名の下に進められたドナーの介入は独立当初の理念を否定する行為であった。

IMF・世界銀行はケニア経済の悪化について、原油価格の高騰に伴う経常収支赤字の拡大、経済基盤の未整備等の影響を指摘しつつ、マーケティング・ボードに代表される政府の市場介入が市場機能の非効率性を招いたと分析、SAPの受諾がケニア経済の改善に不可欠であると唱えている［World Bank/IBRD 1980：67-71、*ibid* 1981：19-30］[23]。SAPでは、短期の目標（1～2年）として貿易赤字の改善や高インフレの是正、雇用創出を、また中長期の目標（3年以上）として持続的発展や安定した経済成長の達成、所得格差の是正を設定している［坂元 1994：44］。これら目標、特に政府の市場介入の排除を達成するため、IMF・世界銀行はSAPを通じて、市場自由化や国営公社の民営化を進めた［佐々木 2012：88-90］。

世界銀行はSAPの対価として5.4億ドルの追加融資（農業、工業、金融業等の部門別融資を含む）を実施し、またIMFは1980～1988年までに計8.3億SDRを融資している［World Bank/IBRD 1980-1993］。だが国連アフリカ経済委員会（United Nations Economic Commission for Africa：ECA）が、「世銀・IMFの構造調整がもたらしたものは、財政と対外債務とのバランスを調整すること及び市場を開放することを強要しただけであり、これらはアフリカ経済の基本的構造における危機的状況を改善するに至っていない」［ECA 1989：ii］と指摘しているように、SAPを導入した1980年以降も、ケニア経済には改善の兆しが見られない。経済成長率は1981年で3.8％となっていたが、1982～1984年には年平均1.5％まで落ち込んでいる。また1985～1989年には年率5.7％まで回復したが、この復調はコーヒーの市場価格高騰や切り花産業の勃興に起因しており、SAPの効果と断定できない。だがIMF・世界銀行は、経済状態が改善していない状況に対して、ケ

---

23 マーケティング・ボードは、各農産物の生産量の管理や技術指導等を実施する国営公社であり、政府が農産物市場に対する介入を行うための制度となっている［Lofchie 1989：57-62］。例えば、コーヒー産業にはコーヒー・ボード、紅茶産業にはケニア紅茶開発公社が設置されている。

ニア政府がSAPを完全に実行しておらず、未だに市場へ介入していることを要因にあげており、SAPの有効性を強調し続けた[24]。

IMF・世界銀行は、ケニアの市場自由化を進展させるため、1990年代に国営公社の更なる民営化や貿易の自由化を、そして2000年代にはコーヒーなど主要換金作物に対するマーケティング・ボード機能の縮小をケニア政府に迫っている［EIU 2002：34-35］。ただし政府介入の縮小は、ケニア政府にとって政権支持者の取り込みや利ざやの獲得、すなわち政治経済的利権の創出を制約するものであった[25]。しかも2002年末に誕生したキバキ政権は、前政権と全く異なる支持層を基盤としており、政治経済的利権を創出することが政権の安定に不可欠であった。だが、莫大な対外債務や融資は、キバキが利権創出を試みる際の足枷となった。

ケニアの対外累積債務は2003年時点で68.6億ドルに達しており、対ケニア追加融資（長期）は5.8億ドル（前年比の9.7%減）となっている。さらに2000年には3億ドル、2003〜2004年には3.5億ドルの債務が返済期限を迎えるため、ケニアは返済繰り延べの了承を得るための説得材料が必要であった。また対ケニア開発援助額も約13億ドル（2001年）から2億ドル（2003年）まで減っており、キバキは政権交代と同時に債務返済や開発援助の大幅な削減にも対応しなければならなかった。遠藤貢が「国際金融機関を中心にした新自由主義が支配する外的経済政策の環境により、アフリカの経済政策と、そのもとにおかれた社会経済状況は強く拘束され続けている（中略）、アフ

---

24 1980年代に政権を担っていたモイ（Daniel arap Moi）は、SAPを形式的に受け入れただけであり、本格的な実施は1990年代以降であったため、“政府の問題”というIMF・世界銀行の指摘は、必ずしも誤認ではない。［高橋 2010：358-376］。

25 政権交代を成し遂げた大統領は、権力基盤を確立する上で、国民の大多数を占める農民の掌握が不可欠であり、大土地所有者や酋長など各地の有力者を支持者に取り込むことが最も効果的且つ簡潔な手段であった。そのため大統領は、プランテーション農場主の利益創出を図り、換金作物栽培の拡大や土地に代表される農業資源の不平等配分を行っていた［Bates 2005：59-60、佐々木 2011：123-130］。

リカはある種の『従属』的状況にある」[遠藤 2004：4] と指摘するように、債務返済や追加支援に囚われたケニアは、ドナーの提案に従順でなければならず、換金作物の増産や規制緩和を推進せざるを得なかった。

ドナーによる圧力が増した結果、ケニアは農民が一切口にしない換金作物を増産し、誰もが消費する食料を大量に輸入している。もっとも、ケニアの主導権を獲得したドナーは、必ずしも貧しい人々にとって有益な政策を実施していない。SAP では市場の自由化や民営化の推進が掲げられていたが、SAP による経済開発の方向性（思惑）は、現在も様々な施策に引き継がれている。例えば、日本政府が世界銀行等と共催するアフリカ開発会議（TICAD）は、今日のアフリカ支援におけるドナー、特に多国籍企業の思惑が顕著に表れている。

TICAD は 2013 年 6 月開催で第 5 回（TICAD V）を迎えており、アフリカ 51ヵ国に加えて、対アフリカ投資の拡充を図る先進諸国やアジアの新興国など多くの国々や国際機関が参加している。また主催国の日本は、① 2018 年までに最大 320 億ドルの開発支援・投資を実行すること、②投資環境の改善、③貿易の自由化の促進、④市場志向型作物の生産拡大を目指した農業支援など、TICAD におけるアフリカ開発の方向性を打ち出している［佐々木 2013b：10］。特に農業分野における開発支援では、換金作物栽培の更なる拡大が貧困削減や持続的な経済成長に貢献すると唱えられている。アフリカ開発における投資の重要性が提唱されるなか、UNCTAD は経済発展と FDI の連関に言及し、(1) 農業・工業部門の生産性向上、(2) 雇用創出、(3) 経済成長および貧困・食料問題の低減などの利点を掲げ、投資拡大の必要性を強調している［UNCTAD 2009：95、*ibid* 2014：13-15; 77］。さらにケニア政府も、2030 年までの開発の方向性を示した『ビジョン 2030（Kenya Vision 2030）』において、投資拡大を最重要課題に位置付けている［Republic of Kenya 2007］。もっとも、川端が「アフリカは自分が消費しない商品（換金作物）を生産・輸出し、自分が生産しない商品

（米や小麦）を輸入・消費せざるをえない悪循環の袋小路に封じ込められている」［川端 1987：88］と危惧しているように、多国籍企業による投資は、農地の大規模な収奪やケニアの食文化に存在しない食料品の普及など、農民の生活環境に様々な問題をもたらしている。

(2) 直接投資の弊害

2000年以降、バイオ燃料関連作物に対する投機の過熱を背景に、ジャトロファやサトウキビの栽培を目的とする農地収奪が活発化している［佐々木 2014：64-65］[26]。多国籍企業による土地争奪戦は、農民の所有地の縮小や食料自給の崩壊を助長しているが、ケニアでは現時点で3社の多国籍企業が土地収奪（農業投資）を行っている[27]。1つ目の土地収奪の事例は、2003年に進出したアメリカ資本のドミニオン社（Dominion Farms）である。ドミニオン社は東アフリカ域内向けの食料品を生産するため、ヴィクトリア湖畔の土地0.6万ヘクタールを110万ドル／年でリース契約し、コメのプランテーションや淡水魚の巨大養殖場を建設した。また同社は、土地収奪による雇用創出および食料供給の増加など、社会貢献の側面を強調するとともに、更なる土地収奪計画を打ち出している。

2つ目の事例は、2007年にケニア資本のクウェル社（Kwal International Sugar Company）を買収したモーリシャス資本のオムニケイン社（Omnicane Ltd）である。オムニケイン社はクウェル社の株式50%を

---

26 ただし土地収奪の事例には、ジャトロファやサトウキビ以外の作物を栽培しているものもある。例えばインドのカルトゥーリ社は、バラの栽培を目的にナイバシャ湖畔の土地200ヘクタールを購入している［NHK 食糧危機取材班 2010：174-180］。

27 さらに、ドイツ資本のユーロフューエル社（Eurofuel Tech）による土地収奪計画やイタリア資本のノーヴ社（Nouve Iniziative Industriali）による土地売買交渉など、計画段階や交渉中等の案件を含めると、土地収奪の規模は100万ヘクタール以上に達する。アフリカなど開発途上国で行われている土地収奪の規模および収奪を行った多国籍企業に関する詳細は、［Friis and Reenberg 2010］、［GRAIN 2013］、およびLand Matrix（2014年11月12日閲覧）を参照。

2000万ドルで取得すると、クウェル社が所有するケニア沿岸部の土地約0.7万ヘクタールでバイオ燃料向けのサトウキビを栽培している。オムニケイン社は土地収奪に際して、農業投資による雇用創出がケニアの地域社会および経済の発展に貢献することを唱えているが、そもそもクウェル社はサトウキビ栽培が主な事業であったため、オムニケイン社のサトウキビ事業（土地収奪）が地域社会にどれほど貢献するかは疑問である。3つ目の事例は、2008年に土地売買交渉を締結したカナダ資本のベッドフォード社（Bedford Biofuels）であり、ケニアでも最大規模の土地収奪を行っている。多国籍企業1社当たりの土地収奪規模は約5.2万ヘクタールであるが、ベッドフォード社は締結済みの土地だけで16万ヘクタールを収奪しており、今後さらに36万ヘクタールまで拡大する計画を打ち出している。またベッドフォード社は、収奪した広大な農地をジャトロファ農場に変えるとともに、ジャトロファ栽培が雇用を生み出し、貧困削減に寄与する事業であると強調している。

いずれの多国籍企業も、企業に莫大な利益をもたらすとともに、雇用創出や食料供給等の社会貢献を含意した事業と喧伝し、ケニア（アフリカ各地）で大規模な土地収奪を展開している[28]。だが、オークランド研究所の研究チームが「世界規模で生じている土地収奪は途上国（農民）にとって、必ずしも有益な農業投資になるとは限らない。土地買収が行われた土地の大部分で、小農の使用する農地が消失していることがその証拠である」［Daniel and Mittal 2009：13］と指摘しているように、これら大規模な土地収奪は、多国籍企業が掲げる“名目上の社会貢献”とは異なり、ケニアに住む貧しい人々、特に大勢の小農に様々な悪影響を及ぼしている。

例えば土地収奪によって創出された雇用は、ドミニオン社が1500

---

[28] 土地収奪の規模が最少のオムニケイン社は、2011年の売上がサトウキビ栽培事業以外も含めて1.2億ドルに達している。そのため、ドミニオン社およびベッドフォード社の売上は1.2億ドルを遥かに凌ぐ規模であることが推測される。

人規模に留まっており、他の2社も概ね数100～1000人規模に過ぎない。他方、ケニアの失業者数は2010年時点で516万人に達しているため、土地収奪によって生み出された大勢の“元農民”は、ごく僅かな雇用を大勢の失業者と奪い合うことになる。仮に“元農民”の所有地を1.4ヘクタール（一人当たりの平均所有地：表3-3を参照）とすると、最低でも約13万人が土地収奪の脅威に晒されたことになる。また土地収奪の交渉は、多国籍企業とケニア人資本家（登記簿上の所有者）、もしくは当該地を管轄する行政府との間で行われており、実際に土地を使用している農民は交渉の場につくことなく、強制的な退去を強いられている［Liversage 2011：5］[29]。そのため、大規模な農業投資は、多国籍企業に莫大な利益をもたらしているが、食料生産の可能な農地を「貧しい人々の空腹を満たすことのない農産物の栽培」に充てるものでしかない。そして土地収奪に直面した大勢の農民は、食料生産を放棄し、食料を購入するために賃労働をせざるを得ない状況に追い込まれている。しかも食料自給権を喪失した“元農民”は別の多国籍企業の標的となった。

食料品の販売を世界規模で手掛ける多国籍企業は、「健康的な食料品の提供」と称して大量の食料を販売しているが、ケニアでは特に即席メンの普及事業が近年活発である。ケニアにおける即席メン事業では、まずインドネシア資本のインドフーズ社（Indofood）による東アフリカ進出があげられる。インドフーズ社は、安定した経済成長を遂げ、且つ食料問題が顕著であるケニアやタンザニアを対象に、2000年代初頭から即席メンの販売を展開している。さらに2013年、

[29] ケニアの土地所有制度では独立以後から個人所有制度が導入されており、農地の登記化も進められていたが、これら農地の大部分は、政府もしくは各地方を管轄する行政府から信託された土地であった。そのため、行政は独自の裁量で農民から強制的に土地を取り上げることが可能であった［Mwega and Ndung'u 2008：352-353］。また、土地の使用者は現地の小農であるが、登記簿には実際の使用者と異なる人物（資本家や別の農民）が記載されている場合もあり、登記上の土地所有者が一方的に土地を売買する恐れがあった［池野 1985：94-99］。

インドフーズ社は新たな即席メン製造工場をケニア沿岸部のモンバサに建設、5000万食／年の即席メンの製造・輸出を可能にしている。また、インドフード社以外に競合する企業が存在しなかったため、日本の日清食品グループ（以下、日清食品）が2008年にケニアへ進出、ジョモ・ケニヤッタ農工大学との合弁会社設立（2013年）やナイロビ郊外に1000食／日を製造できる新工場の建設（2014年）など、ケニアおよび東アフリカにおける即席メン事業を急速に進めている[30]。

インドフード社および日清食品は即席メン事業について、企業の利益獲得とともに、現地の雇用創出や食料不足の改善に寄与すること、すなわち"Win-Win"関係を含意した事業だと謳っている。特に日清食品は、①農村部の小学校への即席メン配布、②ソルガム等の雑穀を練り込んだ麺の販売による栄養失調の改善、③ケニアの法定最低賃金に即した価格帯（1食当たり30〜40KSh）での販売など、貧困および食料問題に配慮した社会貢献事業であることを強調している。しかしケニアの貧困および食料事情と照らし合わせると、即席メンの販売・普及は企業の利益追求のみを目指した事業であり、諸問題の改善に一切貢献していないことが伺える。

まず雇用創出への貢献であるが、即席メン産業が創出した雇用は数百人規模であり、毎年10万人以上の失業者が生まれているケニアにおいて"焼け石に水"に過ぎない。また食料不足および栄養失調への貢献にも疑念の余地がある。ケニアではトウモロコシやケール、白インゲンなどの野菜を主食としており、これら野菜を用いた食事（以下、伝統的な食事）を「力の源」として数世代に渡り継承している[31]。加え

---

30 ナクマット（Nakumatt）やタスキス（Tuskys）、ウチュミ（Uchumi）などの大型スーパーマーケットがナイロビ等の大都市圏を中心に出店しているため、ケニアは即席メン販売が容易な市場であった［福西 2012：235-239］。

31 伝統的な食事（野菜）については［Shackleton, et. al. 2009］を参照。各家庭では、初等教育を受けるようになった子どもに対して、伝統的な食事を食べるよう促している。また伝統的な食事は栄養価が高く、ケニア全土で生産可能な野菜を用いているため、必然的にケニアの食文化に根付いたものと言える。

て、ケニアで栽培・消費されている野菜には栄養面での役割があり、例えばトウモロコシがエネルギー（Kcal）、ケールがビタミンや鉄分、白インゲンがタンパク質の供給源となっている。これら野菜は非常に栄養価が高く、油分や塩分の多く、栄養価の偏った即席メンよりも遥かに健康的な食料であるため、食料不足を解消し、栄養失調に陥っている200万人以上の子どもを支援する食事は即席メンではない。30～40KShという価格設定も、食料問題に貢献する意図がないことを示唆している。多国籍企業が“低価格”とする即席メンは、一日2ドル以下で生活する大勢の人々にとって購入できない食材であり、中・高所得層向けの高価な輸入食品でしかない。

さらにケニアの食文化を考慮すると、学校給食として即席メンを配布する活動には、大々的に喧伝されている（名目上の）社会貢献とは異なる思惑が見受けられる。筆者が2009～2011年に実施したフィールド・ワークの結果、多くのケニア人が幼少期から慣れ親しんだ伝統的な食事以外を拒む傾向にあった。だが、未就学や初等教育段階の子どもは伝統的な食事よりもパンやコメなど外来の食料品を好んで食べており、食料品に対する抵抗が成人よりも少ないことが判明した。また日清が2008～2010年に行った即席メン配布活動では、対象地域がナイロビ近郊の農村地域に集中しており、配布された量も約6万食（15歳未満の人口の0.3%）とごく僅かである。そのため即席メンの配布事業は、社会貢献としての意義よりも、むしろジョージが「栄養価よりも販売経費や包装費、ブランド料などのために高い値段がついている外国企業の食品を買う習慣がつき、また、そうした食品の味にも慣らされてくる」［George1977：143］と危惧するように、子どもの味覚に“即席メンの味”を定着させる危険性を有しており、換言すれば、将来の賃金労働者（食料を自給できない人々）を顧客に取り込むための中長期的な宣伝活動と見受けられる。

土地収奪や輸入食料品の普及は、多国籍企業が利益を追求するための活動に過ぎず、また投資の際に謳われている社会貢献はケニア進出

図 3-3　食料問題に起因するケニア農業の悪循環

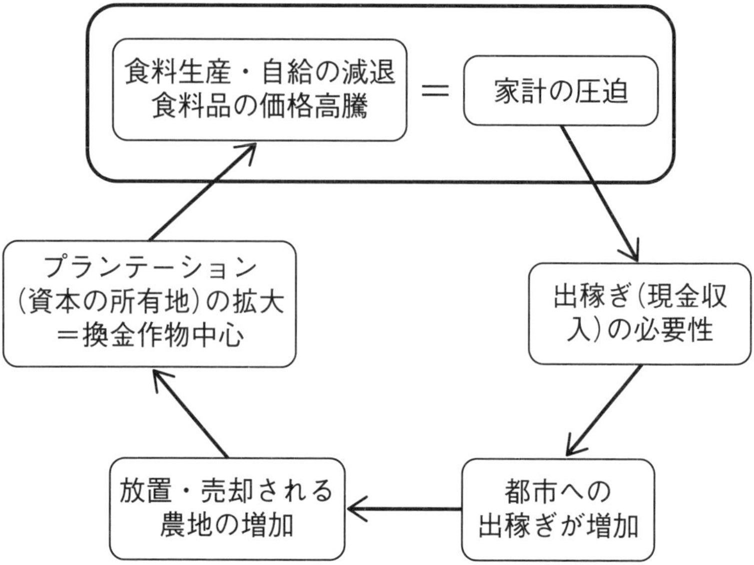

（出所）筆者作成。

を円滑に行うための都合の良いキャッチコピーでしかない。他方、表向き支援対象となっている貧しい人々は、「直接投資＝経済成長＝貧困削減および食料難の改善」の名の下に土地を収奪され、食料自給権をはく奪されている。そして“農民”として生きる術を喪失した人々は、家族に高価な食料品を購入するために低賃金労働者となり、多国籍企業の利益創出を支え、更なる貧困や食料危機に陥るという悪循環に囚われている（図 3-3 を参照）。

結びにかえて

独立から半世紀以上経たケニアは、高い経済成長率や農産物輸出の増加等の輝かしい記録の背後で、貧困や食料不足、暴動に伴う混乱等の危機を抱えている。しかも、低所得状態の中で子どもの食事だけでも確保しようと必死に働いている人々が年々増加しており、食料危機と貧困の悪循環が顕著となっている。これら危機に対して、途上国政府はもちろん、先進諸国や国際機関が様々な取り組みを進めている。だがドナーの介入は、困窮するアフリカの人々にとって必ずしも効果的な解決策に至らず、むしろ“支援”の名の下に貧しい人々を一層苦しめている。

開発支援の担い手である先進諸国や新興国は、“ケニアのため”を口実に様々な事業を行っているが、その実態は自国（企業）にとって「都合の良いケニア」を創り出そうと邁進しているに過ぎない。また、社会貢献というキャッチコピーを大々的に掲げる多国籍企業は、一方でアグリビジネスとして大規模な土地収奪を強行し、農民から食料自給の権利を奪っており、他方でフードビジネスとして、食料自給権を喪失した“元農民”をターゲットに高栄養食品と喧伝し、高価な食料品を売り付けている。好適農地や安価な労働力の豊富なケニアは、ドナーにとってフロンティアであり、多国籍企業に利益をもたらす“金の卵”である。

2007年末、貧しい農民やスラムに住む大勢の住民が大規模な暴動を起こしたことは、確かに政権に対する不満も一因であるが、他方で、食料自給に帰結しない歪んだ農業への反発も表している。そのため、食料増産を主軸とする農業政策が実施されていたら、貧困層の不満は和らいでいたかもしれない。だが、利潤獲得を目論むドナーがグローバル化の名の下に「食料＝購入するモノ」という仕組みを強要し、開発や社会貢献を口実に農業資源の収奪を繰り返したため、貧しい人々の苦悩は一向に緩和しなかった。換言すれば、ドナーが「利益を生み出す都合の良い農場」としてケニアを支配し続ける限り、貧困や食料問題が解決することはなく、大規模な暴動の火種も消えることはないのである。貧困や食料問題に起因する暴動や大規模な抗議デモは、植民地支配期の独立闘争と同様に、困窮した生活を強いられている人々が振り絞った“抵抗”である。

参考文献

（日本語）

池野旬（1985）「東部ケニアの半乾燥地における土地登記と土地所有―土地取得・処分手段を中心に―」日本アフリカ学会『アフリカ研究』No. 27、1985年12月。

石井光太（2009）『絶対貧困：世界最貧民の目線』光文社。

NHK食糧危機取材班（2010）『ランドラッシュ：激化する世界農地争奪戦』新潮社。

エンクルマ、クワメ（家正治・松井芳郎訳）（1971）『新植民地主義』理論社。

遠藤貢（2004）「アフリカからみた世界システム」日本国際問題研究所『国際問題』No. 533、2004年8月。

大倉三和（2004）「コーヒー・紅茶とアグリビジネス」大塚茂・松原豊彦編『現代の食とアグリビジネス』所収、有斐閣。

勝俣誠（2008）「アフリカ経済と国際社会の視座―アフリカ国家のエンパワーメントに向けて」世界経済研究協会『世界経済評論』Vol. 52、No. 6、2008年6月。

川島博之（2009）「世界の食料生産とバイオマスエネルギー：2050年の展望」日本農業経済学会『農業経済研究』第81巻第2号、2009年9月。

川端正久（1987）『アフリカ：危機の構造』世界思想社。

国際協力機構（JICA）・NTCインターナショナル：JICA・NTC（2014）『貧困プロファイル：ケニア』JICA・NTC。

坂元浩一（1994）「ケニアの構造調整計画の実績」常葉学園浜松大学『国際経済論集』Vol. 1No. 1、1994年10月。

佐々木優（2011）「ケニアにおける土地所有構造の歴史的変遷」明治大学大学院『商学研究論集』第34号、2011年2月。

――――（2012）「構造調整政策とケニアの農産物貿易の変容」明治大学大学院『商学研究論集』第37号、2012年9月。

――――（2013a）「ケニアに波及したソマリアの混乱」情況出版『情況』第4期2巻第2号（通巻9号）、2013年4月。

――――（2013b）「アフリカ支援の功罪：第5回アフリカ開発会議（TICAD V）の理念と現実」新日本出版社『経済』No. 215、2013年7月。

――――（2013c）「途上国の農業部門における諸問題の分析：独立以後のケニアを事例として」明治大学大学院『商学研究論集』第39号2013年9月。

――――（2014）「多国籍企業と農業資源の収奪：ケニアにおける農業投資」新日本出版社『経済』No. 225、2014年5月。

妹尾裕彦（2009）「コーヒー危機の原因とコーヒー収入の安定・向上策をめぐる神話と現実―国際コーヒー協定（ICA）とフェア・トレードを中心に―」千葉大学『千葉大学教育学部研究紀要』第57巻、2009年2月。

――――（2010）「国際コーヒー協定と脆弱国家：『農』から考える平和構築と国家建

設」佐藤幸男・前田幸男編『世界政治を思想する』所収、国際書院。
高橋基樹（2005）「アフリカ：貧困削減に向けた農業開発の課題」昭和堂『農業と経済』第71巻第11号、2005年11月。
———（2010）『開発と国家：アフリカ政治経済論序説』勁草書房。
津田みわ（2010）「『2007年選挙後暴動』後のケニア：暫定憲法枠組みの成立と課題」アジア経済研究所『アフリカレポート』No. 50、2010年3月。
広瀬幸雄・星田宏司（2003）『コーヒー学講義（増補）』人間の科学社。
福井博一（2009）「東アフリカのバラ生産：ケニア、エチオピアのバラ生産の経緯と将来」日本施設園芸協会『施設と園芸』第147号、2009年10月。
福田邦夫（2007）「アフリカの苦悩はなぜなのか？：構造調整プログラムで再生は可能か」新日本出版社『経済』No. 148、2007年12月。
———（2008）「資源戦争と貧困：サハラ以南のアフリカ」新日本出版社『経済』No. 160、2008年12月。
———（2010）「『アフリカの』から50年：独立後の波乱と現代」新日本出版社『経済』No. 184、2010年12月。
福西昭雄（2012）「東アフリカにおけるスーパーマーケットの台頭」川端正久・落合雄彦編著『アフリカと世界』所収、晃洋書房。
松田素二（1999）『抵抗する都市—ナイロビ移民の世界から』岩波書店。

（英語）
African Development Bank: AfDB (2014) *Tracking Africa's Progress in Figures*, Tunis, AfDB.
Argwings-Kodhek, Gem (2004) "Kenya's Agricultural Sector: the research management context", Cyrus G. Ndiritu, et. al. (eds) *Transformation of Agricultural Research Systems in Africa: Lessons from Kenya*, pp. 25-44, East Lansing, Mishigan State University Press.
Bates, Robert H. (2005) *Beyond the miracle of the market: the political economy of agrarian development in Kenya* (New edition), Cambridge, Cambridge University Press.
Binacchi, Mattia (2010) *Slum and Shelter Policies in Kenya: the Case of Kiera, Soweto East Slum Upgrading Project*, Saarbrücken, Lap Lambert Academic Publishing.
Daniel, Shepard, and Anuradha Mittal (2009) *The Great Land Grab: Rush for world's farmland threatens food security for the poor*, Oakland, The Oakland Institute.
The Economist Intelligence Unit: EIU (1989-2012) *Country Profile: Kenya*, London.

— (2002) Country Report: Kenya, London.

FAO (2006) *The state of food insecurity in the world 2006*, Rome, FAO.

— (2009) *The state of food insecurity in the world 2009: economic crisis-impacts and lessons learned*, Rome, FAO.

Friis, Cecilie, and Anette Reenberg (2010) *Land Grab in Africa: Emerging land system drivers in a teleconnected world*, Copenhagen, University of Copenhagen.

George, Susan (1977) *How the other half dies: the real reasons for world hunger*, Harmondsworth, Penguin Books Ltd.

GRAIN (2013) *Land Grabbing For Biofuels Must Stop: EU Biofuel Policies are Displacing Communities and Starving the Planet*, Barcelona, GRAIN.

Jackson, Robert H. (1990) *Quasi-States: Sovereignty, International Relations and the Third World*, Cambridge, Cambridge University Press.

Kamara, A. B., et. al. (2009) *Soaring food price and Africa's vulnerability and responses: au update*, Tunis, African Development Bank.

Kenya National Bureau of Statistics: KNBS (1959-2013) *Kenya Statistical Abstract*, Nairobi, Republic of Kenya.

— (2008) *Food Insecurity Assessment in Kenya: Based on Kenya intergrated household budget survey, 2005/2006*, Nairobi, Republic of Kenya.

Liversage, Harold (2011) *Responding to 'land grabbing' and promoting responsible investment in agriculture*, Roma, International Fund of Agricultural Development.

Lofchie, Michael F. (1989) *The Policy factor: Agricultural performance in Kenya and Tanzania*, Boulder; London, Lynne Rienner Publishers.

Mwega, F. M., and N. S. Ndung'u (2008) "Explaining African economic growth performance: the case of Kenya", Benno J. Ndulu, et al. (eds) *The Political economy of economic growth in Africa, 1960-2000*, pp. 325-368, Cambridge, Cambridge University Press.

Republic of Kenya (2007) *Kenya Vision 2030: the Popular Version*, Nairobi, Republic of Kenya.

Shackleton, C.M., et. al. (eds) (2009) *African Indigenous Vegetables in Urban Agriculture*, London; Sterling (VA), Earthscan.

Throup, David W. (1988) *Economic & social orgrigins of Mau Mau*, London, James Currey Ltd.

UNCTAD (2009) *World Investment Report 2009*, New York; Geneva, United Nations.

— (2014) *Economic Development in Africa Report 2014*, New York; Geneva, United Nations.

United Nations Economic Commission for Africa: ECA（1989）*African Alternative Framework to Structural Adjustment Programmes for Socio-Economic Recovery and Transformation*, Addis Ababa, ECA.

UN-Habitat（2003）*The Challenge of Slums: Global Report on Human Settlements 2003*, London; Sterling, Earthscan Publications Ltd.

World Bank/IBRD（1980-1993）*Annual Report*, Washington DC, World Bank/IBRD.

—（1994）*Adjustment in Africa: lessons from Country Case Studies*, Washington DC, World Bank/IBRD.

—（2005）*The European Horticulture Market: Opportunities for Sub-Saharan African Exporters*, Washington, D. C., World Bank/IBRD.

（ウェブサイト、ウェブサイト内資料）

Commission of Inquiry on Post Election Violence: CIPEV（2008）*Waki Report*（http://reliefweb.int/sites/reliefweb.int/files/resources/15A00F569813F4D549257607001F459D-Full_Report.pdf、2014年11月14日閲覧）.

JICA「ケニア：中南部持続的小規模灌漑開発・管理プロジェクト」（http://www.jica.go.jp/project/kenya/0604760/02/index.html）。

FAOSTAT（http://faostat.fao.org/default.aspx）。

Kenya Flower Council（http://www.kenyaflowercouncil.org/）。

Kenya National Bureau of Statistics: KNBS（http://www.knbs.or.ke/）。

Land Matrix（http://www.landmatrix.org/）。

The World Bank "World Development Indicators: WDI"（http://data.worldbank.org/data-catalog/world-development-indicators）。

第4章 マグレブ―チュニジアの構造調整とEUの自由貿易戦略

山中達也

はじめに―民衆革命が問いかけるもの

北アフリカに位置するマグレブ3ヵ国[1]は、独立後、国家主導の近代化・工業化を推し進め、「自律的で公正な社会」の建設を目指していた。しかし1980年代以降、各国で経済危機が深刻化すると、マグレブの為政者たちは独立直後の理想と方針を放棄するかのように、IMF・世界銀行の勧告に従って国内経済の構造調整を加速化させた。すなわち国内の特定の地域・階層が「先に」富んだ後、その富が「自然に」他の地域・階層に浸透（トリクル・ダウン）するという経済成長モデルが移植されたのである。

21世紀を迎えた現在、これら諸国はその過程や進捗状況に差はあるものの、各国とも新自由主義的な開発政策を受容し、経済成長を追求している。こうした脈絡において、本章で取り上げるチュニジアは、1956年の独立以降、まさしく飛躍的な経済成長を遂げたといってよい。チュニジアは1987年に大統領に就任したベン・アリ（Zine el-

[1] 本章ではマグレブ（アラビア語で「日の沈む処」）諸国といった場合、狭義のチュニジア、アルジェリア、モロッコのことを指す（広義ではリビア、モーリタニア、西サハラを含む）。また北アフリカ諸国は、アフリカ大陸のサハラ砂漠以北に位置し、いわゆる「中東・アラブ諸国」として扱われることの多い、エジプト、リビア、チュニジア、アルジェリア、モロッコの5か国に限定する。

Abidine Ben Ali）のもとで政情も安定し、先進工業国並みの社会・経済発展が進んでいる国家として称賛されていた[2]。1996年4月、当時の世界銀行総裁ウォルフェンソン（James D.Wolfensohn）は、チュニジアを「北アフリカにおける世界銀行の優等生」と評し、経済自由化と欧州・地中海地域への統合政策を継続するよう促していた〔Ramonet 1996〕。こうした言説（レトリック）は政権や国際機関だけが好んで吹聴したのではない。「チュニジアは中産階級が70％で、貧困層は4％に満たない」と、自国の経済発展の成果を誇るチュニジア国民も少なくなかった。

だがこのような言説や数値に触れる際には注意が必要である。何よりも2011年に勃発した中東・北アフリカ諸国における一連の反政府・民主化運動はまさにそのチュニジアから始まったことを想起されたい。大いなる経済発展を遂げていたはずの同国でなぜ民衆は立ち上がり、政権打倒を叫んだのか。当時、欧米のマスメディアは相次ぐ独裁政権の崩壊を目の当たりにし、「喜び」と期待を込めて「アラブの春」と名付けた。

そして「アラブの春」が起きてから、チュニジア革命の背景に関して世界中で多くの議論が交わされた。例えば日本では、チュニジアを「権威主義的な政治体制」「セミ・レンティア国家」と定義し、民主化理論を用いて政治学的アプローチから分析する視角が提示された。これらの研究では、チュニジアにおける失業や格差などの要因について、2008年世界金融危機以降の景気後退に焦点を当てて説明されること

2　チュニジアの一人当たりGDPは1961年に202ドルであったが、2010年にはおよそ21倍の4198ドルにまで達した。これは中東・北アフリカ諸国の平均より1000ドル以上高く、サハラ以南のアフリカ諸国の平均1301ドルの3倍である〔World Bank, *WDI* 2011〕参照。チュニジアはかつて地中海交易の要衝として繁栄した都市国家カルタゴがあった場所である。人口は約1070万人（2013年）。面積は日本の約5分の2にあたる16万2155km^2。その国土は地中海沿岸部、北部の草原地帯、中部のサヘル地域、南部のサハラ砂漠に大きく分かれ、気候・風土に地域的特性がある。

図 4-1　1 人当たり GDP 額の推移（1961〜2010 年）（単位：ドル）

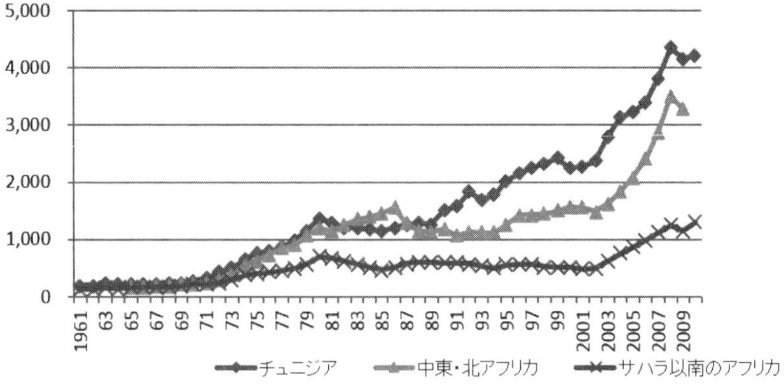

（出所）［World Bank, *WDI* 2011］より作成。

が多く、ベン・アリ独裁政権（為政者一族と取り巻きたち）の腐敗と、彼らの「悪い」ガバナンスに批判が集中した[3]。したがって経済・社会問題に関する責任の所在を主に独裁政権のガバナンスに見出すことで、今後の「民主化の進展」と「社会・経済の持続的な安定」が同じ文脈で実現可能なものとして語られる傾向がある［Hibou, Meddeb, Hamdi 2011］。

2011 年 1 月 14 日に独裁政権が崩壊した後、実際にチュニジア国内においてもベン・アリ一族の腐敗や国家運営は厳しく批判され、その

3　例えば、独裁政権の崩壊過程と民主化プロセスに言及したうえで、当該国内の地域間、階層間の格差、高失業率、高インフレに注目する経済的な要因分析が存在する。民衆叛乱を地球規模で拡大した経済・貿易システムへの「反グローバリゼーション」運動の潮流（新自由主義的経済政策への抵抗）として捉え、グローバリゼーションの進展と共に拡がる格差及び絶対的貧困を指摘し、これを「FTA 戦略の功罪」としている［福富 2011］。さらに 2008 年のリーマンショックに端を発する金融危機と世界経済の景気後退、世界的な食糧価格の高騰が、北アフリカ諸国経済及び人々の生活に与えた影響についても言及されている。その際、当該国の若者の人口比と失業率の高さに焦点を当て、彼らが民衆運動の大きな原動力になったことが説明されている［ホサム 2011］。

権力構造や経済支配の実態究明が行われた。そして、チュニジア国家を私物化し、国富を収奪した犯人捜しが始まったのである。暫定政権下、チュニジア当局はベン・アリ一族及び周辺の関係者を「悪党」として次々に拘束した。そして、彼らの罪は司法によって裁かれることになった。

もちろん独裁者とその取り巻きを断罪しただけでは、チュニジア国民の積年の怒りも忌まわしい弾圧の記憶も消え去ることはない[4]。それでも圧政に苦しめられた人々にとっては、為政者らの不正行為や国家運営の誤りを白日の下に晒すことが新たな時代を迎えるために必要な手続きであったことも確かである。そして、2011年3月、民衆デモの高まりに呼応するかたちで、チュニス裁判所は独裁政権下の与党立憲民主連合（RCD：Rassemblement constitutionnel démocratique）の解党を命じ、政党としてのRCDは消滅した。ここに「ベン・アリ体制」崩壊に向けた民衆運動は第一の到達点を迎えたのである。

チュニジアの反政府運動が独裁政権の崩壊という大きな成果をもたらした要因の一つとして、国民が思想信条の違いを超え「ベン・アリ政権打倒」という明確なスローガンに共鳴し、団結したことがあげられる。大多数の国民がベン・アリ政権に不満を抱き、各々が独裁政権打倒の先に「希望」を抱いていたことはいうまでもない。だがさらに重要なことは、その「希望」に内在した「ベン・アリの排除＝経済・社会情勢の好転」という強い思いである。当時、チュニジア民衆の多くが国内外を問わず、「革命」を成し遂げたという興奮と「チュニジア人」としての誇りに満ち溢れていた。「ベン・アリ一族や取り巻きたちはチュニジアの富を収奪していた。彼らを追い出した今、チュニジアはさらに発展する」。誰もが独裁者なき新生チュニジアの輝かしい未来を口にした。

ベン・アリ政権崩壊後、チュニジアでは制憲国民議会選挙（2011年

4　そもそも国外逃亡したベン・アリと妻ライラに関しては欠席裁判にならざるを得なかった。革命後、2014年現在まで一度も公の場に姿を見せていない。

10月23日）までの移行期間、初代大統領ブルギバ（Habib Bourguiba）時代に主要な閣僚を務めたベジ・カイード・エセブシ（Béji Caïd Essebsi）を首相とした暫定内閣が政権を担った。暫定政権は自由を謳歌する民衆の高揚感に合わせるかのように「経済社会発展戦略 2012-2016（ジャスミン・プラン）[5]」を発表し、地域格差の是正、雇用創出、技術革新による成長モデルを打ち出した。同戦略には、海外からの直接投資（FDI：Foreign Direct Investment）誘致と資金援助によって所期の目標が達成される旨が記されていた。この戦略はまさしくベン・アリ政権が長年推進してきたものだったが、エセブシ暫定政権下、経済開発政策に反対するデモは一部の左翼運動家が行う以外ほとんど見受けられなかった。一方で自らの労働環境の改善（主に賃金の引き上げ）を求める民衆デモが頻発したことが同革命の特徴を如実に表している。

民衆の一人は、「ベン・アリ政権下に深刻化した失業や格差、尊厳の喪失といった諸問題の解決には正しい処方箋があるが、これまでは独裁政権の腐敗によってうまく作用しなかった」と語り、史上初の民主的な制憲議会選挙への期待に胸を膨らませていた。彼自身、独裁政権の「腐敗」と「悪い」ガバナンスを国内の深刻な経済・社会問題の主要因として把握していたことは明らかである[6]。

しかしチュニジアの現代史を紐解けば、慢性的な若年層失業や地域間格差などの問題は、決してベン・アリ政権末期に特有の現象ではないことがわかる。例えば、独立間もない1960年代に行われた社会主義的開発政策がチュニジア経済にもたらした影響は甚大であった。また1970年に始まり80年代後半に加速した自由主義経済政策によって引き起こされた国内産業構造の変化と商工業部門における「慢性的」生産性の低下を見逃してはならない。なかでも多国籍企業がチュニジ

---

5 ［République Tunisienne 2011］. チュニジアを代表する花の一つにジャスミンがあり、2011年の民衆革命は象徴的に「ジャスミン革命」と呼ばれることもある。同プランの呼称も同様と考えられる。

ア「市場」に参入するための基盤となった国際通貨基金（IMF：International Monetary Fund）・世界銀行の構造調整政策及び欧州連合（EU：European Union）主導のバルセロナ・プロセス（自由貿易圏創設・対テロ政策）の分析なしに、同国の構造的失業と格差問題に接近することは困難である。そこで本章では1980年代半ば構造調整期前後のチュニジアとEUの自由貿易政策に着目し、チュニジア経済の構造変化を捉え、そこに内在する諸問題を明らかにする。

［1］経済危機と構造調整

(1) 計画経済から開放政策へ

民族解放運動の「英雄」ブルギバは、フランスから独立を達成した1956年3月以降、形式的に存続していたフサイン朝のベイ[7]を君主に据え、自ら首相に就任した。そして翌1957年7月、ベイの制度を廃

---

[6] 2008年の金融危機以降、世界市場で原油・原材料価格が高騰し、チュニジアではインフレが悪化したが労働者の賃金は全く上昇しなかったため、人々の生活は圧迫されていた。さらにオバマ（Barack Obama）政権の下、2009年に始まったアメリカ軍のイラクからの撤退は、中東地域におけるアメリカ覇権の衰退（中東戦略の変化）、という印象を人々に抱かせた。東西冷戦構造のもとでアメリカは、強大な軍事力と徹底的な武力行使によって同地域のパワーバランスに多大な影響を与えてきたが、ついに当該地域の地政学にひずみが現れた。バハレーンのアメリカ海軍第5艦隊をはじめ、湾岸諸国にはアメリカ中央軍（USCENTCOM）が至るところに駐留しているが、「テロに対する戦い」に協力し、イスラーム保守勢力を徹底的に弾圧していたチュニジアなど親米独裁政権の存在意義も微妙に変化しつつあった。チュニジアの民衆は、アメリカの北アフリカ地域への干渉が弱まる可能性を感じていたのである。それにもかかわらず、当時チュニジアではベン・アリ政権による独裁体制の継続が予想されていた。そして、半ば「公然の秘密」として語られていた独裁政権とその取り巻きによる不正蓄財や犯罪行為が、さまざまなメディア・媒体を通して明るみに出たことも大きな変化であった。「政治的自由の封殺」と「不均衡な富の分配」が、世界規模の経済危機によって加速し、民衆は耐え難い閉塞感と不平等感を募らせていた。こうしたなかベン・アリ政権は、「奇跡」的な経済発展といった美辞麗句を多用し、貧富の拡大と失業者の存在を隠ぺいしてきたのである。

してチュニジアは共和国（République Tunisienne）となり、ブルギバが初代大統領となった。ブルギバは大統領就任後、国家の「近代化」と社会の「世俗化」を目標に掲げ、強権的な指導力を発揮した[8]。ブルギバは独立後の混乱期に停滞した国内経済を立て直すため、チュニジア労働総同盟（UGTT；Union générale tunisienne du travail）の元書記長で社会主義者のアハメッド・ベン・サラーハ（Ahmed ben Salah）を経済・計画・金融の3つの大臣に任命した。ブルギバから経済政策に関する強大な権限を与えられたベン・サラーハは、1961年から1969年まで国家主導の計画経済を実施した。ベン・サラーハが最も重要視

---

7 16世紀以降チュニジアは、オスマン・トルコ帝国の宗主権下にあった。そして、フサイン朝太守アフマドが統治者（ベイ）として君臨していた。アフマド・ベイは、西欧列強による侵略を防ぐこと、またオスマン帝国からの「自立」を守ることを国是として典型的な「富国強兵」・「殖産興業」政策を行っていた。しかし当時のチュニジアは、一連の近代化政策の遂行とともに、財政支出と資本財の輸入が増加し、金銀の国外流出、外債の累積を招いた。国家財政が破産したチュニジアは、1869年、結果的にイギリス、フランス、イタリアによって国家財政が共同管理体制下に置かれたのである。その後チュニジアは、財政再建のため税制改革、輸出用農産物（オリーブ・ナツメヤシ）の生産奨励、関税改革などを推進したが、これに失敗し、ついに外国勢力の本格的な進出に直面することになる。1878年のベルリン会議において、イギリスは、スエズ運河株の取得とキプロス占領の対価として、フランスにチュニジアにおける行動の自由を認めたのである［宮治 1978：49-53］。これを受けてフランスは1881年にチュニジア派兵に踏み切った。そして、チュニス旧市街（メディナ）に程近いバルドー（Bardo）で両国の間に協定（バルドー条約）が結ばれ、チュニジアは正式に保護領となった。こうしてチュニジアはフランス帝国主義体制に組み込まれたのである。

8 とりわけ政教分離の原則を明確化し、国教としてのイスラームと西欧的近代化政策の相違点・矛盾点に関して、国民の理解を求めた。それはチュニジア社会における女性の地位向上のための一連の政策（一夫多妻制、夫からの一方的離婚の禁止、職業選択の自由、公共機関でのヴェール着用禁止など）に特徴づけられる。また1956年5月には、イスラーム法に基づく伝統的土地制度を廃止し、私有財産制に基づく近代的土地所有制度を確立した。すなわちブルギバの近代化政策の原点には、脱植民地化の過程において、西欧列強に劣らない「経済発展」への強い思いがあり、そのためにはイスラームの伝統さえも制限されることを国民に訴えたのである。

したのは富の平等な分配であり、経済成長よりも貧富の格差の是正であった。この点について「開発10ヵ年計画の展望」は以下のように指摘している。

「経済開発計画の最大の目的は、所得の平等な分配を実現することである。所得の平等な分配を実現することにより、人々の道徳的、経済的地位を向上させることができるのであり、経済開発計画はチュニジア経済の成長のみを目的とするものではなく、あらゆる社会階層に属する人々、なかでも最も恵まれていない階層に属する人々が、彼らの努力により、需要に見合った道徳的、経済的地位を向上できることを目的としている[9]」。

ベン・サラーハは、チュニジア独自の社会主義国家建設を目指し、チュニジア社会銀行（STB：Société Tunisienne de Banque）を中央銀行（BCT：Banque Centrale de Tunisie）の傘下に置き、さらに国立投資銀行（BNI：Banque Nationale d'Investissement）、国立農業銀行（BNA：Banque Nationale Agricole）、南部開発銀行（Banque du Sud）を設立した[10]。

当時チュニジア国内の基幹産業は農業であり、GDPの約20％を占めていた。したがって農作物の不作による経済への影響が非常に大きかった。実際に旱魃の度に経済成長が鈍化したため、天候が政権の行く末を占うような重要な要素であった[11]。1960年代初頭には、労働人口の約3分の2が農業に従事しており、耕地面積は生産可能面積の

9　*Perspectives tunisiennes 1962–71*, Publication du Secrétariat d'Etat aux Affaires Culturelles et à l'Information, Tunis, 1962.（福田邦夫訳）

10　1960年代初頭、パリ国立銀行（BNP：Banque Nationale de Paris）をはじめとするフランス系12銀行が依然としてチュニジアの金融網を支配し続けていた。そして、1951年～61年の間、チュニジアの貿易の54～56％は旧宗主国フランスが占めていた。ちなみにベン・サラーハの指導下、1969年までに13の銀行が設立され、チュニジアで活動するフランス系の銀行は1行のみとなったが、この間、1964年2月にはフランス・チュニジア借款協定の枠組みで2億100万フランに及ぶ援助が実施された［福田 2001：53］。

34%にあたる約900万ヘクタールに及んだ。そしてその10%にあたる最も肥沃な土地は植民地時代からフランス人などヨーロッパ系移民の農園であった[12]。1964年5月、ベン・サラーハの主導下において、チュニジア議会はコロン所有の土地（約33万ヘクタール）を接収し、国有化することを決定した[13]。その後もベン・サラーハは大胆な土地改革を断行し、国有化された土地は国営の集団農場（共同組合化方式）として、小麦、大麦、オリーブ、ぶどう、柑橘類、野菜、デーツ、エスパルト草など輸出用の換金作物の栽培に使用された（穀物を除く）。

さらにベン・サラーハは、こうした共同組合化方式を商業部門にも

---

11 チュニジアは1966年から1967年にかけて発生した旱魃によって、深刻な食糧不足に陥り、食料供給の可能なアメリカ、カナダに接近した。1966年12月のハリマン米特使のチュニジア来訪以降、アメリカとの関係が一層深まり、1967年3月にはアメリカの余剰農産物7000万DT供与協定が提携された。そしてカナダからは小麦1万3500トンが輸入された。食糧生産の停滞はインフレ要因となったばかりでなく、大量の食糧輸入によって貿易収支赤字拡大の一因ともなった。1967年最初の8ヵ月間の輸入総額は2870万DTだったが、そのうち、穀物（主に小麦）の輸入は970万DTにも及んでいる。また当時の高い人口増加率（公式推定では2.6%、非公式推定では3%近いとされる）のため、一人当たり食糧生産は1960年代を通して低下した。ちなみに同時期チュニジアにおける対外援助依存は年間1人当たり約19.6ドルに達している［中東調査会1968：188-189、1969：249］。

12 独立直後の1957年にはフランスとの議定書で10万ヘクタールの農地が返還され、次にコロンの引き揚げによって放置された約10万ヘクタールが接収された。ちなみに1964年におけるチュニジアの就業人口は、農業68万人、漁業1万5000人、工業16万5800人、建設・公共事業8万5000人、水道・電気6300人、商業・金融9万2000人、運輸・通信3万1000人、その他サービス6万5000人、公務員8万人であった［日本貿易振興会1968：343-344］。

13 1961年から62年には、チュニジア全土に32万5800人の耕作者（戸数）がおり、482万ヘクタールに及ぶの農地があった。そのうち20ヘクタール未満の小農は耕作者全体の82.9%を占めていたが、農地全体の35.4%を耕作しているに過ぎなかった。それとは対照的に100ヘクタール以上を所有する大地主たちは耕作者全体の1.6%とわずかだが、耕作地は約125万ヘクタール（25.9%）を占めていた［Sethom 1992：56］

拡大させることを目論んでいた。卸売部門の協同組合化は1962年に、小売業に対しては1966年に、チュニス以外の地域の食料雑貨、繊維品の分野で地域商業公社（SRC：Société Regionales de Commerce）というグループを通じて組織された。卸売業の70〜80%、小売業の80〜100%がその管理下に置かれ、さらに果物、野菜およびその他の分野への協同組合組織の拡大も進められていた［中東調査会 1969：250］。

農業生産協同組合及び組合加入者は年を追うごとに増大し、農業生産者協同組合に対する融資を行うために中央政府管轄下に地域協同組合連合（URC：Union Régionale de Coopératives）が地域ごとに設立された。そして、各協同組合には農民を代表する機関として協同組合行政諮問委員会（CAC：Conseils d'administration des Coopératives）が設立された。しかし、地域協同組合連合は中央政府の指示のみに従って行動し、現場の農民の声に耳を傾けることは一切なかった。こうしたなかで多くの農民は農耕作業を拒否しサボタージュを行って抗議を行ったのである。

さらに、ベン・サラーハによる土地改革は旧宗主国フランスの怒りを買うこととなった。フランス政府は国有化の報復措置として経済援助を即刻停止、技術協力要員の引き揚げ、さらに特恵的な関税同盟も破棄したため、チュニジアのぶどう酒輸出などは激減した。また他の西欧諸国及び国際金融機関もチュニジアの社会主義的な政策を警戒し、経済援助を一時的に停止した結果、チュニジアの生産活動は大幅に減退したのである。チュニジアでは外貨不足に対処するため、1964年9月には通貨ディナール・チュニジアン（DT：Dinar Tunisien）が20%も切下げられ、1962年から66年の間に卸売物価指数は29%、生産費指数は18%も上昇した［中東調査会 1968：191］。

独立前後の混乱期から1968年までの主要農産物・一次産品生産量の推移を確認すると、ほとんどの一次産品の生産量が減少していることがわかる（図表4-1参照）。天候やフランスによる輸入禁止措置などの影響もさることながらベン・サラーハによる農業部門の集団化政策

図表 4-1　主要農産物・一次産品生産量の推移（1955〜1968 年）

単位（1000 トン）

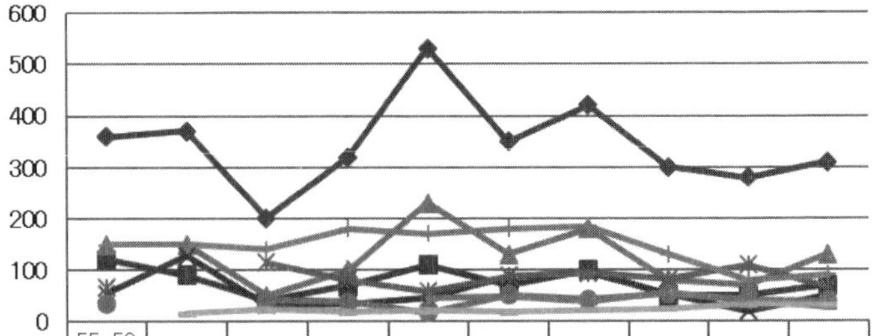

	55-59年	60年	61年	62年	63年	64年	65年	66年	67年	68年
硬質小麦	360	370	200	320	530	350	420	300	280	310
軟質小麦	120	90	40	70	110	70	100	50	50	70
大麦	150	150	50	100	230	130	180	80	70	130
オリーブ油	55	128	32	34.5	45	88	95.4	52.5	19.5	51
柑橘類	67.5	n/a	114	80	58	88	94	82	110	66
ナツメヤシ	35	n/a	43	38.4	16.7	50.9	43	54	42	39
ワイン	150	150	140	180	170	180	185	130	80	90
甜菜糖	n/a	n/a	n/a	n/a	44.7	48.7	37.5	56.4	39.8	27.5
魚介類	n/a	15.7	23.4	18.1	20.5	19	22.6	25	33.1	32.5

（注）小麦類は 1000 キンタル（quintaux = 100kg）表記だったため、数値を一桁減らして 1000 トン表記に統一。同様にワインのヘクトリットル（100ℓ）も調整。
（出所）［Poncet 1969：105］より作成。

自体にも問題点が見出される。例えば、1964 年にフランス人コロンから買い戻した肥沃な農地は協同組合化の対象外であり、その多くが富農に貸し出されていた。1968 年末までに協同組合農場に編成されたのは農地 10 ヘクタール以下の小土地所有農民（零細農民）であった。そして、それは耕作可能な農地の約 10％に過ぎなかったのである［Belehedi 1992：121-122］。1968 年の段階で農業改革の失敗はほとんど決定的であった。

コロン所有地の国有化以来、断交状態にあったフランスとの関係は、1965 年 1 月、チュニジア政府が駐仏大使の入れ替えを行ったことを契機に改善され、1966 年 12 月、チュニジアはフランスから 400 万フランの借款供与を受け取った。以後チュニジアはフランスをはじめ西ドイツやイタリアといった欧州経済共同体（EEC：European Economic Community）諸国から援助・借款を積み重ねた。そして、返済を滞りなく行うことで信頼を勝ち取り、将来的にさらなる特恵関係・包括的通商協定を締結することを目論んでいたのである［中邑1970：24］。ベン・サラーハは農業部門においては協同組合方式・集団化による生産形態を推し進めたが、工業部門は外資を含む民間投資を活用した自由主義的開発政策をとってきた。EECとの連合関係樹立を求める理由もそこにあったという。すなわちEECとの連合関係が築かれた場合、「チュニジアの工業品に対して与えられるEECの特恵」を利用するために、EEC以外の諸国の資本がチュニジアに投資される、と考えられていたのである[14]。

こうしたなかベン・サラーハはチュニジア経済の多様化を目指し、燐鉱石を中心とした鉱業をはじめ、工業部門では、穀物加工、オリーブ油搾油、水産物加工、糖蜜工業、畜産物加工（牛乳、バター、ヨーグルト、チーズ）、毛織物工業、綿糸・織物、既製服、人造繊維、メリヤス工場、鉄鋼、自動車組み立て、パルプ生産などを振興した［日本貿易振興会1968：343-346］。しかし工鉱業部門における協同組合化は建設、皮革・靴製造、繊維部門の一部のみで行われたに過ぎなかった。実際に石油、燐鉱石、運輸部門と同様、金属加工、建設資材、食品加工、肥料生産部門を中心に全産業部門において国営企業（公団）が新設されたが、集団化政策はとられなかったのである。とはいえ、この一連の公団設立をはじめベン・サラーハの開発政策によって、現代チ

---

14 チュニジアは、第2次4ヵ年計画（1965～1968）の総投資額3億8000万DTのうち約40%を外国からの援助（フランス、アメリカ中心）に依存していた。アメリカの援助は期間40年、金利2～2.5%という有利な条件であり、工業及び農業開発のための資本設備などの購入に充てられた。さらに西ドイツは1968年5月に960万ドルの貸付に同意した（これに先立ち同額の960万ドル、技術援助として240万ドル相当を供与済）。このうち360万ドルは南部の道路網改善とビゼルト港、ラグレット港のフェリー購入に向けられた。この時期西ドイツの援助は灌漑プロジェクト、工業、観光業、インフラ改善に集中した［中東調査会1969：246-250］

ュニジア経済の基本構造が確立・強化され、必然的に巨大な官僚群が構築されたことを見逃してはならない［福田 2012：49］。

1961年以降、開発のための資本財・中間財輸入が増大したため貿易赤字は急速に拡大し、原資として海外からの援助及び民間外資の流入も止まらなかった。1965年にはこれらの外部資金の純流入額は物資及びサービス輸出収入の90％にまで達した。しかし資本収支の黒字だけでは、莫大な経常収支赤字は補填できず、チュニジアの金・外貨準備は1960年末の8500万ドルから1966年末には3100万ドルまで減少したのである。これはチュニジアの輸入の1.5ヵ月分に満たない額であった［中東調査会 1968：190］。こうしたなかベン・サラーハは、輸入代替工業化を推進するために貿易を国家独占下に移行して厳しい輸入抑制政策を実施した。またチュニジア政府は国内の需要制限政策に乗り出し、厳格な為替管理を行った。そして1966年下半期にはインフレ対策として信用制限も強化したが、一連の窮乏化政策は効果を上げることができず、チュニジア経済は麻痺状態に陥ったのである。1968年には世界中で反政府デモ・学生運動が吹き荒れたが、チュニジアにおいても同年3月から4月にかけて、チュニス大学を中心に経済活動の停滞、ブルギバ長期政権への不満を掲げ、学生、労働者らによる抗議運動が広がった。この騒動で運動に参加した多数の学生、教師、労働者が逮捕された。

1969年1月、ブルギバ大統領はベン・サラーハによる協同組合化政策の不徹底さを批判し、大土地所有者の土地を含むすべての農地を協同組合化するよう全国民に号令を下した。1969年1月の時点で協同組合化されていた農地はわずか47万5000ヘクタールに過ぎなかったが、ブルギバの指令によって、同年8月には全農地411万ヘクタールが一挙に国有化され、協同組合化されたのである［福田 2001：55］。このような急激な協同組合化運動は、大土地所有者や大商人たちを警戒させ、政権に対するサボタージュを引き起こした。これらの特権階級の主導で、協同組合化された経済主体に対しての融資を阻止し、国内経済を停滞させるためのあらゆる手段が講じられた。そして世界銀行をはじめフランス、アメリカなど西側諸国もチュニジアの急激な協同組合化を警戒し、1969年1月以降、チュニジアへの資金援助を停止したためチュニジアは財政破綻寸前に陥った。

財政面での危機に加え、1969年には大旱魃によって食糧不足が深刻化し、さらにはインフレの悪化、失業率の上昇と相俟って国中に耐え難い閉塞感が漂っていた。また同年9月1日、隣国リビアでカダフィ大佐が主導するクーデタが勃発し、社会主義を標榜する革新政権が誕生したため、チュニジア国内でくすぶっていた危機感は一気にエスカレートした。同年11月に第三回大統領選挙を控えていたブルギバは、国民の不満を和らげ、「独立の父＝国家の守護者」たる姿をアピールする必要があった。1969年9月8日、リビア革命のわずか一週間後、ブルギバは自ら登用し経済開発のすべてを委ねていたベン・サラーハを更迭した。そして翌年には、国を誤った道に導いた罪で投獄するのである。

ベン・サラーハが経済政策を主導したおよそ8年間の評価は一般的に低く、当時の集団化を経験したチュニジア国民の多くが「酷い時代だった」と口にする。確かに協同組合化政策や需要抑制政策は経済危機を招き、ブルジョワ階級による徹底的な抵抗を引き起こし、小土地農民や労働者をさらなる苦境に陥れた。しかし、ベン・サラーハの政策すべてが失敗だったわけではない。まず基本方針としての社会主義的志向は労働者の意識改革の一助となり、反政府運動・組合運動の中核となるUGTTの組織力の向上をもたらした。これは、後のチュニジアの歴史、「アラブの春」にまでも影響を与えたことを考えると大きな成果だったといえる。そして、民間投資を活用した輸入代替化政策はほとんど破綻したとはいえ、産業インフラや多くの国営企業を設立し、少なからず経済の多様化の素地となったことが指摘できる。ブルギバは混迷を深める社会経済情勢[15]の打開を求め、1970年11月、元中央銀行総裁のヘディ・ヌイラ（Hédi Nouira）を首相に任命し、経済改革を一手に委ねた。国民の多くはベン・サラーハ時代の集団化・協同組合化から抜け出し、ヌイラ政権下の自由化によって工業化が推進され、日々の生活が大幅に改善されることに期待を抱いていた。ヌイラは首相就任後、若手のテクノクラートを主要ポストに据え、国家統制主義体制から穏健な自由主義経済政策への転換を図ったのである。ヌイラは1970年11月17日の所信表明演説のなかでこう述べた。

「行政による統制経済の代わりに、生産性と効率の原則に忠実な経済を再建する。市場の法則は過酷なものだが、それこそが真実の法則であり、進歩の法則（loi de progrès）なのだ［Hammouda 1995：67］」。

ヌイラが首相に就任したことでフランス、アメリカなどの西側各国及び世界銀行からの資金援助が再開され、チュニジアは辛うじて経済運営を立て直していく。こうしたなかヌイラは、製造業の設立・運営・外貨導入の許認可・監督業務を一元的に実施する機関として、「投資促進庁」（API：Agence de Promotion des Investissments）を設立した。そして、1972年には投資法72―38条を定め、チュニジアから海外市場への輸出を志向する外国企業に対し、輸出のための中間財輸入及び生産物輸出を無税としたのである。1970年から1981年の間にFDI流入額は10倍に膨れ上がった［Hammouda 1995：67］。とりわけ繊維産業ではチュニジアはヨーロッパとの地理的近接性の他に、1969年に締結されたECとの「連合協定」及び1974年に導入された「多国間繊維協定」のもとで、優先的な市場アクセスが可能であった。さらにオスマン帝国時代にもトルコ帽の生産など繊維産業の蓄積があったことから、西ヨーロッパのメーカーが次々と進出した。1973年

15 当時のチュニジアは折からの経済危機に加え、1969年9月の大洪水によって、500人以上が死亡し、12万5000人が家を失っていた。また道路200マイル、20に及ぶ橋が破壊され、鉄道幹線も損傷していた。とりわけガフサ―スファックス間の140マイルが破壊されたため、チュニジアの主要輸出品である燐酸の生産が停止してしまった。また果樹園もオリーブの樹も流され、穀物生産も大打撃を受けた。損害は過小に見積もられた数字でも5000万ドルに及んだという［中東調査会 1970：290、1971：333］。

から1981年までの外国資本による対チュニジア投資件数853件のうち、66.6%にあたる556件が繊維部門であった［山口 2010：240］。

また原油は1968年以降、第一の輸出品であったが、この時期、南部のエル・ボルマ油田が開発増産されたことでさらに生産力が増大した。原油は1976年には輸出総額の40.9%を占めていた。そして、オイルショック（1973年）以降、一次産品ブームが過熱し、これがチュニジア経済躍進の原動力となった。原油や燐鉱石、オリーブオイルなどの価格が急騰し、これらの好調な輸出[16]に牽引され、チュニジアは1973年と1974年に6.0%以上の成長を達成したのである。これを受けて、政府は1975年の通常予算規模を歳入4億4400万DT（10億3500万ドル）、設備予算は歳入歳出ともに2億9500万DT（7億3300万ドル）を計上し、野心的な開発政策を目論んだ。実際にチュニジアでは「第四次計画」（1973～1976年）の間に、雇用創出数も15万7000人を超え、一人当たりの国民所得（名目）も65.2%増加した。英国のフィナンシャル・タイムズ紙は1975年、チュニジアに「経済オスカー賞」を与えたのである［山口 2010：241］。

しかし1973年のオイルショックを機にチュニジアが高成長を記録したのはわずか数年のことであり、世界経済不況が深まった1975年頃には状況が一変した。チュニジアが強く依存するヨーロッパ市場の需要が減退したことで輸出が大幅に減少した上に、EC諸国が国内繊維産業保護を目的とする輸入制限措置を講じたため、チュニジアの繊維部門は停滞したのである［JETRO 1980：41］。この時期、民間投資による外貨流入の増加、アラブ湾岸諸国からのオイルダラーの取り入れ増があったものの1975年のチュニジアの総合収支は前年までの黒字

---

16 輸出先は相変わらずヨーロッパ市場がメインであり、輸出全体の75%（ECが51.8%、フランスが17.1%）を占め、次にアメリカが13.7%であった（1976年）。輸入先はヨーロッパとりわけフランスの比率が上がり、1976年における輸入全体の77.1%がヨーロッパ諸国（ECが61.1%、フランス32.1%）、アラブ諸国が8.2%、北米7.6%（アメリカ6.2%）となった［中東調査会 1978：612］。

傾向から590万DT（1500万ドル）の赤字に転じた。その後も原油、燐鉱石、オリーブオイルなど一次産品の海外需要の減退と国際市況の低迷が続き、主要部門の輸出が伸び悩んだことで、チュニジアの経済成長は鈍化していった[17]。

こうしたなか1970年代は「二つに分断されたチュニジア（une Tunisie coupée en deux）」［Signoles 1983：291］という状況が進行したことが指摘されている。すなわち植民地支配の時代に顕在化した「階級」における分断に加えて、「地理的」な分断が深刻化したのである。もちろん植民地期には既に内陸部の原料供給地域と、それを加工し、ヨーロッパへ輸出する港湾都市という地理的差異はあった。しかし、1970年代以降、沿岸部都市の工業化が進んだため、相対的に内陸部・南部の「貧しさ」が際立つようになった。沿岸部の工業都市とはスース、モナスティール、マハディアといった中部のサヘル地域と、首都チュニス周縁のナブールなどであった。1970年代には雇用と投資の半分以上がチュニスに集中しており、その他の沿岸部都市を含めると国内の雇用、投資、付加価値額のおよそ90%がこれらの都市に集中していた。つまり内陸部・南部はいずれも10%に満たなかったのである。経済成長の恩恵を受けることのない国民の怒りは、当時のヌイラ政権だけではなく、その母体であるブルギバの支配体制にまで向けられた。

かかる状況下、UGTTは1977年10月頃から賃金上昇と労働条件の改善を要求して、各地の紡績、金属、燐鉱石工場のほか、給水、電機など公共部門にまで輪を拡げたストライキを繰り返していた［鴨志田 1979：55］。そして、ついに独立後チュニジアにおける最大の事件が勃発したのである。1978年1月26日、政府の自由主義経済政策及び労働組合弾圧策に異議を唱えたUGTTはゼネラルストライキを呼び

---

17 1976年の輸出額は3億3830万DT（7億8900万ドル）、輸入額は6億5670万DT（15億3100万ドル）で大幅な貿易赤字となり、経常収支及び総合収支も赤字となった［中東調査会 1978：612］

かけた。そして、チュニスを中心に大規模なゼネストが実施され、これを弾圧した警官隊と学生・労働者らが衝突、各地で暴動へと発展した。200人を超える死者を出し、数百人が重傷を負ったのである。この事件は後に「暗黒の木曜日」と呼ばれ、現在も人々の記憶に深く刻まれている［Belkhodja 1998：144-162］。この流血の惨事のなか、政府は「非常事態宣言」を発令し、「計画的に準備された反政府陰謀」としてゼネストを指導した有力幹部を含む約1000人を逮捕した。そして、UGTTに反政府派幹部に代わる13人の新執行部を選出させ、反政府勢力の一掃を図った。他方、政府は暴動の背景となった労働者らの不満の一部を解消するため、1978年3月、「市民奉仕」の名目で17万人といわれる若年層失業者に最低賃金を保障し、「ブルギバ・ダム計画」などに強制徴用する失業対策を打ち出した［鈴木1979：59］。

「暗黒の木曜日」事件以降も国内の治安は悪化の一途を辿り、国全体が不穏な空気に包まれていた。1980年1月26日から27日朝にかけて、50名以上の武装集団がチュニジア南部の鉱山都市ガフサを襲撃した。チュニジア政府は軍隊を送って、これを鎮圧したが、市民を含め双方に40数名の死者と110数名の負傷者を出す大事件となった。これら武装集団はチュニジア・アルジェリア国境を越えて侵入したが、チュニジア政府は逮捕した犯人の自供などから本事件がリビアにより計画・実行されたものとして、リビアを強く非難した。そして在トリポリ・チュニジア大使の召還、在チュニス・リビア大使の国外退去を行った。なお、ガフサ事件で殺人を犯したとされる15名は、同年4月、国家の安全保障を侵した罪で死刑に処せられた［加藤1980：62］。ヌイラ政権はリビアとの関係悪化を受けて、アメリカやイギリス、フランスなどに特使を送り、経済・軍事援助を呼びかけた。そしてチュニジアはアメリカから防空ミサイルシステムを5800万ドルで購入し親米路線を引き続き強めていった［鴨志田1979：56］。

ガフサ事件の対応に忙殺されたヌイラは1980年2月末に脳溢血で倒れ、パリの病院に入院したが、その後もヌイラの病状は回復せず、首相職の続行は困難となり、ブルギバの後継者として大統領に就任する夢も断念せざるを得なかった。

チュニジア人経済学者のハムゥダが指摘するように、チュニジアは1970年代の経済開発を通して、実際にはその過程で経済の外向性（生産財の海外依存）が強まり、1980年代には技術依存と債務依存が高まったという［Hammouda1995：69-72］。後述するようにチュニジアが行う1986年の債務繰り延べ宣言と構造調整策の受容は、1960年代から既定路線にあったといっても過言ではない。チュニジアで行われた経済開発は、社会主義的であろうと、自由主義的であろうと、外国からの資本・生産物・技術・市場に依存した外向性の高いものであった。例えば技術・生産物に関して、1963年から1987年の間にチュニジアの工業生産高は17.5倍になったが、一方で生産のための資本財・中間財輸入は29倍にも達したのである。そして国内総需要に対する資本財・中間財の割合は、1972年はそれぞれ89％、60％だったが、1987年には、94％、67％まで上昇した。そのうち機械類が総輸入の34％（1969年）、46％（1978年）を占めており、経済開発のための海外技術依存が鮮明となった[18]。こうしたなか、チュニジアでは為政者らが国民に約束した経済成長と公正な分配は達成されず、地方と都市、農業と工業の間の格差が拡がっていた。

(2) ムザリ政権下の経済危機

1980年4月、ブルギバはヌイラの後任として、ハト派で文相出身のムザリ（暗黒の木曜日で手を汚していない）を首相に任命し、自由主義経済政策の断行を命じた。1980年代初頭はチュニジアの最大の

---

[18] 経済発展を希求するチュニジア政府は、このような際限のない技術輸入に関して危機感を表明することはなかった。技術に関する外向性依存ともいうべき事態が進行するなか、海外からの資本財・中間財・技術支援を統制するいかなる法整備も講じなかった。これが1970年代に多くの途上国政府が、社会主義の代わりに取り入れた「開発主義」というイデオロギーの一つの特徴であろう。

輸出先であるEC諸国において景気後退が進んでいた。輸出の停滞のみならずEC諸国からの移民送金と観光収入が激減したため、チュニジアの経常収支赤字は悪化の一途を辿っていた。そして世界的な高金利も影響して対外累積債務も増大していった。

さまざまなマクロ経済指標が悪化する一方で、1970年代から促進された外資の引き寄せ政策によって1980年代のチュニジアでは資本ストックが飛躍的に増大していた。これに伴い国内産業が生み出す付加価値額も量的には順調に伸びてきたが、資本ストックの増大と正比例して成長したわけではなかった。むしろチュニジアにおける付加価値生産の資本効率は右肩下がりとなった。すなわち資本生産性が大幅に低下したのである（図4-2参照）。

一般的には遊休資本が出ないよう労働力を投入して資本の回転率を上昇させるというが、チュニジアの場合、大量の失業者（本来労働力として吸収されるべき）が存在するにもかかわらず、これほど明らかに資本生産性が低下する理由はどこに見出せるだろうか。景気後退という基礎的要因だけでは、統計上16年もの間、全産業で資本生産性が持続的に低下したことの説明としては不十分であろう。そもそもこの間、GDP成長率はプラスであり、資本投下も増大していたのである。また資本生産性が低下した場合、労働生産性が上昇するとされているが、表4-1に示されたようにチュニジアではアグリビジネスと鉱業の労働生産性がともに4.7%と最も高い数値となり、これに電子・機械産業の4.4%が続いた。しかし、同時期の資本生産性の減少率の方がはるかに高いことは明らかであろう。

こうした状況が起こる要因として一つにはチュニジアにおける人的資本と産業構造間の「不一致」が考えられる。つまり、産業資本側が求めるレベル（条件）のチュニジア人技術者・労働者が十分でない、または、技術者・労働者側が雇用されることを望んでいない可能性がある。二つ目は、企業の設備投資（機械化）が進む一方で、そもそもチュニジアの各産業部門が低付加価値なものに特化している可能性で

図 4-2　経済全体における資本生産性の推移（1971～1986 年）

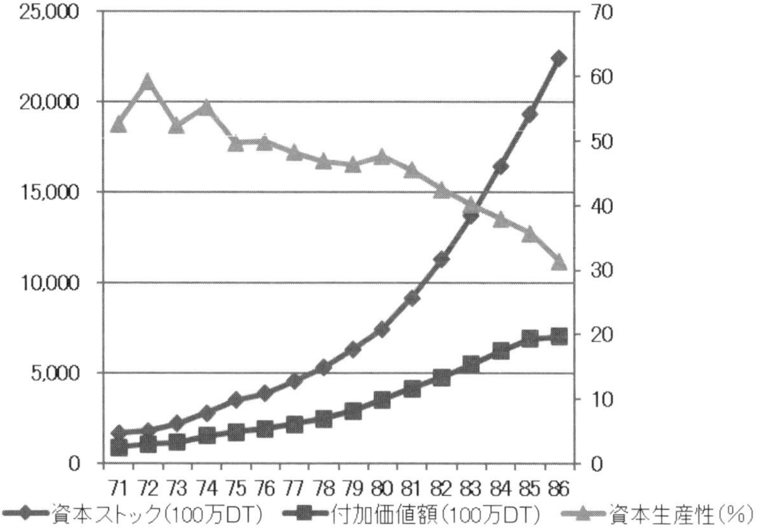

（出所）Romdhane［1987：164］より作成。

表 4-1　労働生産性と実質平均所得の増減（1972～1987 年）

（単位：%）

	労働生産性	実質平均所得
農業	2.6	2.5
アグリビジネス	4.7	−3.4
化学	−1.6	−0.8
電子・機械	4.4	1.0
繊維・衣服・皮革	1.0	−1.2
その他の製造業	3.0	−1.9
鉱業	4.7	3.0
エネルギー	−5.6	0.6
建築・公共事業	1.2	1.3
輸送	3.1	0.6
観光	3.1	0.9

（出所）［Hammouda 1995：92］より作成。

ある。後述するが、これらの構図は現代チュニジア社会経済に広く見られる特徴の一つといえる。

1980年代、ムザリ政権は主に電気・電子機器、さらには自動車部品産業などの欧州市場向け輸出を振興した。これらの製品は一般的に「ハイテク製品」との印象があるが、実際には生産コストに占める労働コストの比率が高く、未熟練労働工程を多く含み、さらに軽量であるため輸送コストは低い［山口 2011：243］。同部門はチュニジアにおける中核産業として多くの期待が掛けられ、実際に生産量が増大したが、あくまで労働集約的産業であった。他方、同時期にチュニジアの石油収入が大幅に増大したことは注目に値する。生産量こそ伸びなかったが、石油輸出国機構（OPEC：Organization of the Petroleum Exporting Countries）の石油戦略発動以降（チュニジアは1982年加盟、1986年脱退）、石油輸出価格は上昇していった（図4-3参照）。とりわけ1970年代末の第二次石油危機、イラン革命を経て、石油輸出価格は高止まりし、産油国の戦略は大きな成功を収めたといえる。チュニジアの原油生産量の最盛期は1980年で562万7000トンに過ぎなかったが、同年の石油価格は97.6DT/トンであり、2億300万DTの石油収入を得た。これは1973年の2600万DTの約8倍に上る額であった。その後も、石油価格の高騰とともに石油収入は増加し続け1985年には、4億5900万ドルにまで達した。湾岸産油国や隣国アルジェリアなどに比べ生産量は大幅に劣るが、それでもチュニジアの総輸出額の40%近くを稼ぐ重要な産業部門であった。

そして、このような石油収入は政府歳入に大きく寄与してきた。特に人口増加率の上昇が雇用問題と結びついていたチュニジアにおいて、この時期、これに対応するために労働力再生産費が増大したが、表4-2に示されたように石油収入がこれを補填していた[19]。この傾向は1970年代よりも80年代に顕著であり、石油生産・価格維持の重要性が認められる。

しかし石油収益の増大は、開発のための輸入及び政府支出を賄いき

表4-2　労働力再生産費に対する石油収入の重要性（単位：100万DT）

	73年	74年	75年	76年	77年	78年
(1) 歳入	362	569	649	700	914	1,078
(2) 石油収入	26	63	70	54	61	84
(3) 石油外収入	336	506	579	646	853	994
(4) 労働力再生産費	91	122	162	164	198	244
(4) / (1)	25.1%	21.4%	25.0%	23.4%	21.7%	22.6%
(4) / (3)	27.1%	24.1%	28.0%	25.4%	23.2%	24.5%

（出所）［Mahjoub 1987：312］より作成。

図4-3　石油部門における主要指標の推移（1973〜1987年）

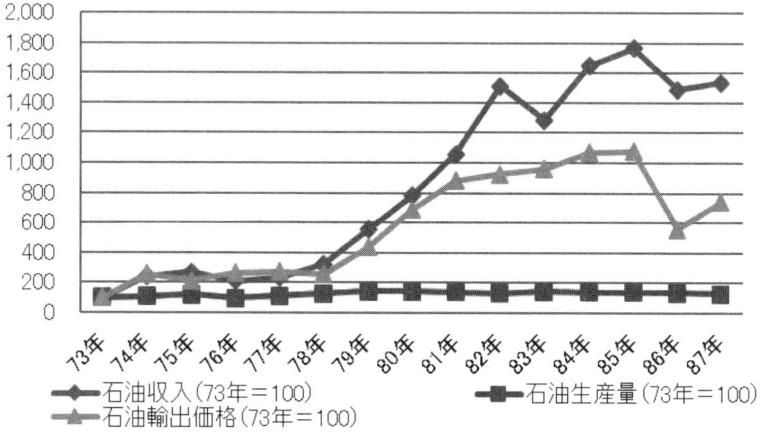

（出所）［Mahjoub 1987：313］より作成。

れず、国内経済の悪化を食い止めることはできなかった。貧困問題が深刻化し、南部や内陸部からチュニスやスファックスなど沿海部の都市に職を求めて多くの人々が流入した。チュニジア当局が絶対的貧困という概念を使用し始めたのは1962年から1971年の第一次10ヵ年

[19] 当時チュニジアでは格差が拡大しており、政府は社会経済開発を推し進めることで経済状況の改善を目指していた。そのため政府支出が急増し、1973年に比べ、1984年には公務員給与は5.4倍、政府消費は約7.8倍、債務返済は約10倍、企業活動助成金は約17.8倍、総固定資本形成は約7.4倍になった。

79年	80年	81年	82年	83年	84年
1,005	1,183	1,588	1,798	2,026	2,613
144	203	275	393	334	428
861	980	1,313	1,405	1,692	2,185
278	309	408	530	590	745
27.7%	26.1%	25.7%	29.5%	29.1%	28.5%
32.2%	31.5%	31.1%	37.7%	34.9%	34.1%

開発計画を立てる段階であった。当時チュニジアでは絶対的貧困ラインを年間50DT（国家が負担する教育・医療含む）以下で生活を営む者として定義していたが1980年以降は世界銀行の基準が適用された。1980年に実施された家計に関する全国調査から、1967年の段階では絶対的貧困ラインが都市部で年63DT、地方が31DTであった。以下、1975年は都市部87DT、地方43DT、1980年が都市部120DT、地方60DTと定められた。ちなみに1985年には、都市部190DT、地方95DTに上昇したが、そもそもこの貧困ラインに男女差や年齢差、個人の趣向、心理・社会的要素などは考慮されていなかった［Nasraoui 1996：59-60］。

チュニジア国家統計局の調査によれば、1985年の絶対的貧困者は全国民の7.7%にあたる52万5000人であった。そして、職能別社会階層では、商工業労働者が22万2000人で最も多く全体の40%を占めていた。次に農民と職人（手工業者）が合計で23万8000人おり、農業・商工業部門の労働者だけで絶対的貧困者の80%以上を形成していた（表4-3参照）。

ムザリ政権時代で最も治安が悪化し、社会の不安定化が進行した1984年、チュニジアの労働人口約69万のうち、農業部門が23万4800人、建設・公共部門が6万7700人、電気機械産業が12万7600人で、失業者は24万5000人に及んだ。また独立後の経済開発過程で繊維・電気機械部門、観光部門から派生したサービス部門、そして知

表 4-3　絶対的貧困者の職能別社会階層（1985 年）

職業別社会層	人数	%
自営農民	91,000	16.42
農業労働者	94,000	16.96
独立商人・職人	53,000	9.56
商工業労働者	222,000	40.07
その他の職業	9,000	1.62
失業者	27,000	4.87
退職者・無職	29,000	5.23
単身者	29,000	5.23
合計	525,000	99.96

（出所）Nasraoui［1996：61］より作成。

図 4-4　産業部門別被雇用者数と失業者数（1984 年）（単位：1,000 人）

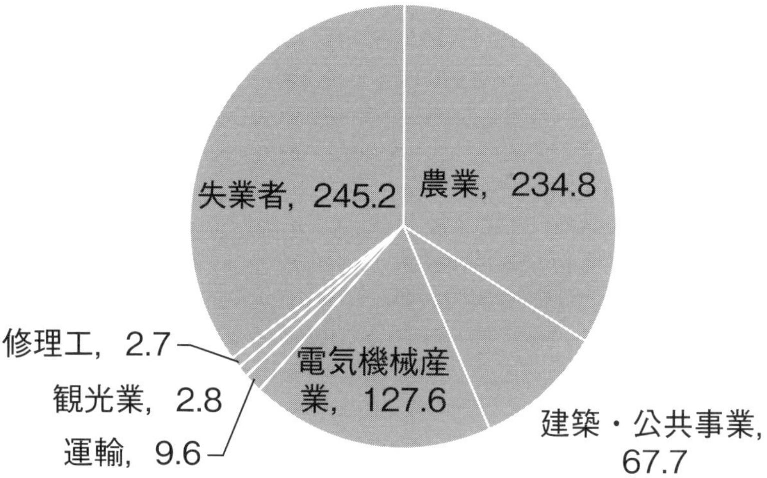

（出所）Belehedi［1992：123］より作成。

的生産部門（金融、情報通信、教育、医療など）において、プチ・ブルジョワジーに分類されるような新中間層が形成されたことがわかる。

他方、植民地期に18万人だったプロレタリアートは1984年には68万5490人を数え、不安定な雇用状態にある者の人数も植民地期と全く変わらなかった。港湾部の工業化と共に内陸部・南部から国内移民が押し寄せ都市化が進行したため、商工業都市には貧民窟が出現した。こうしたなかチュニジア政府は、国家財政を健全化させるという理由で、パンや小麦をはじめとする生活必需品への補助金を撤廃し、教育・福祉などの社会保障費の削減を段階的に実施した。ただでさえ開発が遅れていた内陸部と南部地域の人々は、1982年の大旱魃の影響もあり、都市部よりもさらに困窮化した。1983年12月から1984年1月にかけて、南部で大規模な「食糧暴動」が発生し、全国的な暴動に発展した。治安維持部隊による弾圧によって数百人を超える市民が命を奪われたが、皮肉なことに、この暴動の鎮圧を指揮した国家安全保障局のトップが、後に大統領となるベン・アリであった。

南部や中西部を中心に民衆による抵抗運動は、小規模なものも含めて断続的に行われ、その度に治安維持部隊に鎮圧されていたことを忘れてはならない。何よりも民衆の抗議運動を力で抑え込んだとはいえ、チュニジアが抱える諸問題の根本的な解決にはつながらなかった。1986年には、チュニジア経済は危機的状況に陥った。一年間の総輸出額に対する対外債務の返済比率（DSR：Debt Service Ratio）が危険ラインとされる30%近くに達し、外貨準備高も激減した。これを受けてイスラミストや労働組合（UGTT）によって組織された社会運動が高まり、ムザリはついに辞任に追い込まれた[20]。

---

[20] ムザリは、ブルギバも何度も公言していたように、大統領後継者の筆頭であった。しかし1986年7月8日、ムザリは突如解任されたのである。そしてブルギバは、ムザリ解任後の8月12日には「ブルギバは私の赤ん坊」と公言していたワシーラ夫人（73歳）に離婚を宣告、党と政府の人事の入れ替えを行った［福田1986：17-18］。

表 4-5　対外債務に関する各指標（1984～1988 年）（単位：100 万 DT）

	1984 年	1985 年	1986 年	1987 年	1988 年
新規借入	545.2	542.8	600	810	930
債務総額	3,150	3,180	4,150	4,540	5,070
中期債務	1,280	1,242	1,644	1,570	1,596
長期債務	1,870	1,938	2,506	2,970	3,474
長期債務 / 債務総額　(%)	59.4	60.9	60.4	65.4	68.5
債務 /GDP　(%)	50.1	49.5	59.5	57.7	60.0
債務返済（元利）	479	547	694	820	910
債務返済 / エネルギー輸入　(%)	22.1	24.6	30.4	29.2	28.9

（注）パーセントで示される項目は少数点第二位を四捨五入して表示。
（出所）［Romdhane 1987：172］より作成。

ブルギバは、1986 年 7 月、経済相のスファール（Rachid Sfar）を首相に登用し、マクロ経済の立て直しを一任した。前年の 1985 年 9 月に、ベラ・バラッサ（Béla Balassa）が「チュニジア経済」に関する報告書を世銀に提出していた。そこでは一度も経済「危機（crise）」という言葉は使用されず、チュニジアにおける「マクロ経済の悪化」と表語されていた。スファールは、1986 年 8 月、同報告書を引用するかたちで開発計画に関する公式発表を行った。バラッサ報告書が契機となり、同年にはスファール内閣がチュニジアの対外債務返済不履行を宣言し、IMF の「構造調整政策」を公式に受け入れたのである［Hammouda1995：15］[21]。それは国家の経済運営が IMF 指導下におかれ、市場原理に基づく自由化を徹底的に追求していくことを意味した。1986 年当時、チュニジアの債務総額は 41 億 5000 万 DT（約 68 億ドル）に達し、GDP 比 59.5%、毎年約 7 億 DT の元利返済を行っていた（DSR は 30%超）。

ここで重要なことは構造調整政策を受け入れる以前に、チュニジア

[21] 実際にはチュニジア政府は 1980 年代初めから「公式に署名することなく」世銀・IMF の勧告に従っていくつかの「調整」を進めてきた。例えば、緊縮財政・国内需要制限政策である。

は経済情勢の悪化を受けて1980年代初頭から緊縮政策を加速させ、それまで政府補助金によって安価に抑えられていた飲料水、電気、鉄道料金、そして卵、鶏肉、食用油などの食料品の値段が上昇していたことである（図表4-2参照）。たださえ貧困に喘ぐ国民の多くは更なる窮乏化を余儀なくされたのである。

(3) ベン・アリ政権の誕生と構造調整政策

1987年には高まる社会不安を背景に、内相として国内の徹底した治安維持を行っていたベン・アリが、スファールに代わって首相に任命された。それから1ヵ月後の1987年11月7日、ブルギバが「加齢（84歳）により大統領としての職務遂行能力をなくしている」との理由で、ベン・アリは、無血クーデタを実行し、ついに大統領の座を手に入れた。ここに、30年に及ぶブルギバの治世は終わりを告げ、「ベン・アリのチュニジア」が幕を開ける。ベン・アリは政権発足当初、アラブ・イスラーム的伝統への回帰をスローガンに掲げていた。礼拝時間にはテレビでアザーン（モスクから唱えられる礼拝への呼びかけ）が流され、首相府付宗教長官が任命されるなど、国家によるイスラーム擁護の姿勢が明確に打ち出された［医王 1991：15］。しかし、イスラーム勢力とベン・アリ政権の関係は、湾岸戦争前後には一気に悪化した。中東全般で反米、反帝国主義が高揚し、同時にイスラーム過激派の活動が活発化したのである。こうしたなかエジプトのムスリム同胞団の影響下、チュニジアにイスラーム復古主義を掲げるナフダ運動（アンナハダ）が形成された。ナフダ運動を指導するのは1980年代初頭の経済危機にあって、勢力を拡大、政府の弾圧にあってきた世代であった。これに学生運動組織の活動家、公務員などが細胞として加わり、経済面、社会的地位において展望の持てない若年層を吸収した。1989年当時790万の人口に対して30歳以下の人口は520万にのぼった[22]。1989年4月の国政選挙においてナフダ運動は政党として許可されないまま無所属候補を立てて臨み、チュニスなど都市部の選挙

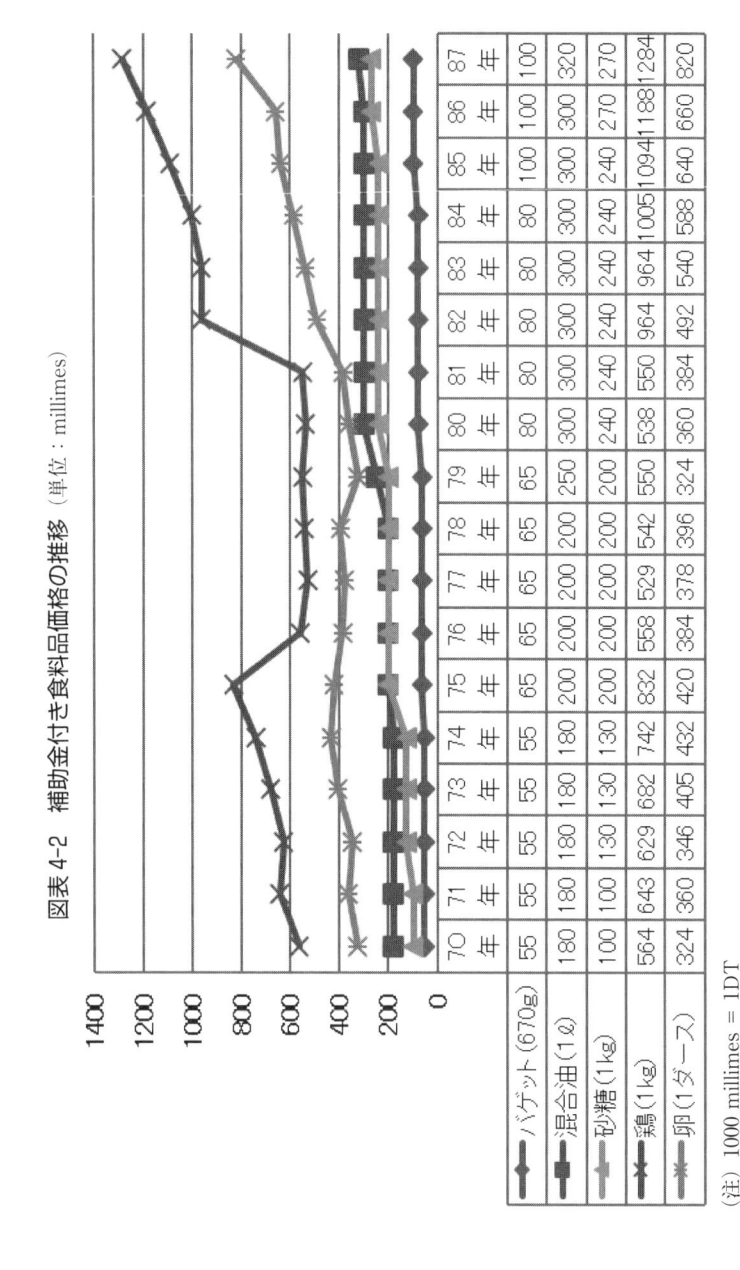

図表 4-2　補助金付き食料品価格の推移（単位：millimes）

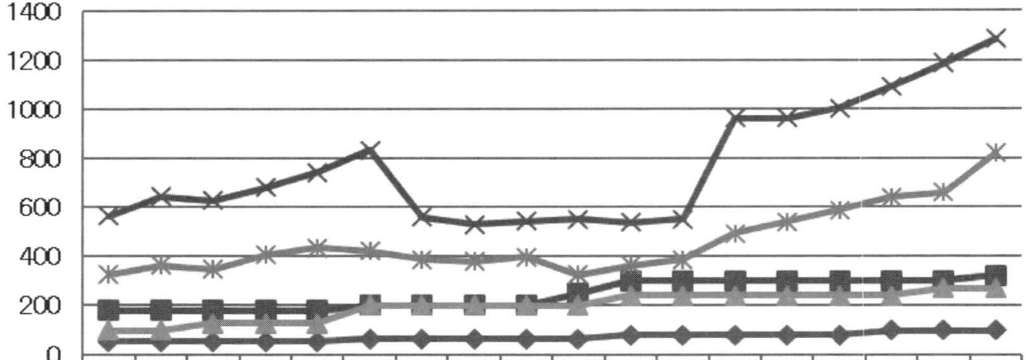

	70年	71年	72年	73年	74年	75年	76年	77年	78年	79年	80年	81年	82年	83年	84年	85年	86年	87年
バゲット(670g)	55	55	55	55	55	65	65	65	65	65	80	80	80	80	80	100	100	100
混合油(1ℓ)	180	180	180	180	180	200	200	200	200	250	300	300	300	300	300	300	300	320
砂糖(1kg)	100	100	130	130	130	200	200	200	200	200	240	240	240	240	240	240	270	270
鶏(1kg)	564	643	629	682	742	832	558	529	542	550	538	550	964	964	1005	1094	1188	1284
卵(1ダース)	324	360	346	405	432	420	384	378	396	324	360	384	492	540	588	640	660	820

（注）1000 millimes = 1DT
（出所）［Mahjoub 1987：315］より作成。

図 4-5　補助金付きインフラサービス料金の推移（単位：millimes）

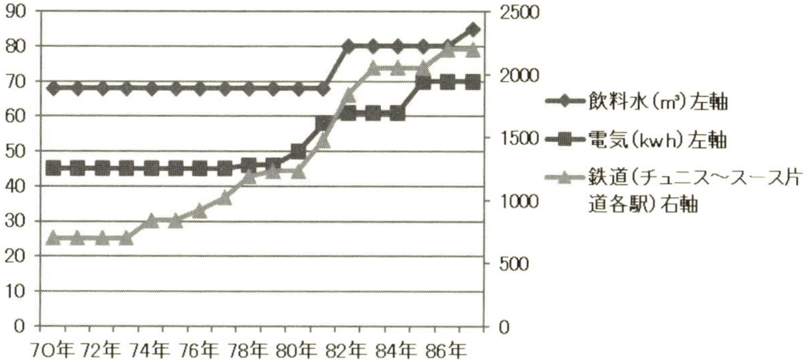

（出所）［Mahjoub 1987：315］より作成。

区の多くで 20%近くの得票率を獲得した。ベン・アリ政権初期の時点で既にイスラーム主義政党が求心力を発揮していたことが伺える[23]。しかし、1991 年に勃発したアルジェリアの内戦を受けて、イスラーム武装勢力によるテロへの警戒を強め、国内の反政府勢力への抑圧と情報統制を本格的に実施した。

こうしたなかチュニジアは、1987 年のベン・アリ政権発足当初から IMF の勧告に従い緊縮財政と対外開放政策を段階的に進展させていった。財政改革として 1988 年 7 月に付加価値税（TVA：Taxe sur la valeur ajoutée）が導入され、輸入自由化品目のさらなる拡大、流通価格の自由化、国営・公営企業の整理統合を進行させた。また 1988 年には民間投資促進のため、投資の事前許可制度の廃止、関税率の引き下げ、開発銀行長期貸付けの金利引き下げが行われた。

---

22 アンナハダ運動（初期―引用者）の主な支持基盤は都市にあり、都市化（1960 年に全人口の 36%だったが 1989 年には 57%まで上昇）の進行は人口増と若年層失業比率の増大と相俟って、イスラーム原理主義が蔓延する背景となった［医王 1991：15］。

23 ちなみにアンナハダは 2011 年革命後に行われた総選挙で全選挙区において最多得票となり、新生チュニジアを主導する立場にまで成長したことを付言しておこう。

1987年から1991年の構造調整下、チュニジアのマクロ経済指標は回復を見せ、生産性を取り戻したかにみえる（図表4-3）。しかし、それは緊縮財政、需要抑制、雇用制限政策の影響で、総資本増加率が激減し、1人当たりの資本ストックも減少したため、相対的に資本生産性が上昇したに過ぎない。サミール・アミンは、ファイサル・ヤヒール（Faisal Yachir）によるアラブ世界の経済的近代化に関する総括を援用した上で、アラブ諸国が独立後実施した国家資本主義モデルが1970年から1980年にかけて終焉を迎えた要因を以下のように指摘した［アミン 1996：24-26］[24]。

「工業化は必然的に国際分業の支配に裂け目をもたらすものではない。その経済が、『外部の捌け口、生産物、技術そして資金に強く依存している（ヤヒール）』場合には特にそうである。この工業化は国民経済の基盤であるよりも世界経済の付属物となっている。（アラブ世界において―引用者）消費と投資は、その多くが外国からの移転に大きく依存してきた（石油収入、移民の送金、私的資本、公的援助あるいは国際金融市場からの借款）。このモデルの世界状況の変動の影響を受けやすい性格が弱まるのではなく、反対に強まっている。さらに収穫量の決定的な改善を促す方向には農業構造は未だ転換されていない（ヤヒール）」。

アミンによれば、これらの要素（困難）が結び付いて国家資本主義モデルが「攻撃」され、世界システムへの包摂が深化したと考えられている。そして、北アフリカ諸国の膨大な累積債務が招いたIMFによる構造調整圧力も、これら諸国の国家主義モデルを撃退する効果があったとされる［アミン 1996：25］。

こうした脈絡のなかで第三世界諸国による「新国際経済秩序」の要求は拒否され、イスラエルの軍事的な拡大に直面し、国際収支の赤字

---

24 アミンは、ヤヒールと共に第三世界フォーラム（Forum de Tiers monde）の枠組みで、*La Méditterranée dans le monde; les enjeux de la transnationalisation dans la région méditerranéenne*, Éditions la Découverte, Paris, 1988. を記している。

図表 4-3　チュニジア経済全体の生産性推移（1972～1991年）（単位：%）

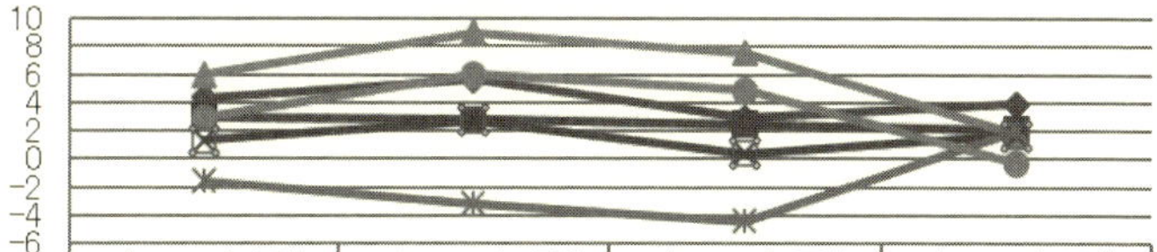

	72年～76年平均	77年～81年平均	82年～86年平均	87年～91年平均
GDP成長率	4.3	5.6	2.9	3.9
雇用増加率	3.0	2.8	2.5	2.1
総資本増加率	6.0	9.0	7.5	1.8
労働生産性	1.3	2.7	0.4	1.7
資本生産性	−1.6	−3.2	−4.4	2.0
一人当たりの資本ストック	2.9	6.0	4.9	-0.3

（出所）［Hammouda 1995：119］

と対外債務が増大していった。そして世界的規模の資本蓄積の危機に際し、アメリカを中心とする西側諸国の資本は、グローバルな再編成（国際分業の再配置）を推進した。つまり第三世界諸国の債務を口実にIMFと世界銀行を通じて、債務国に経済の「構造調整」を迫ったのである。この危機的状況において第三世界諸国は、独占資本の多国籍化戦略の論理により一層組み込まれていく。

1974年と1991年の主要輸出入品目の変化に着目すると、1974年では石油、オリーブオイル、燐鉱石・鉛など伝統的な一次産品が輸出の上位を占めていたが、1991年には繊維が35%を超え圧倒的なシェア拡大を示した。輸入は1970年代と変わらず機械類が多いが、輸出同様、繊維部門の輸入がトップに躍り出た。すなわちベン・アリ政権初期には既に生地・織物を輸入し、縫製を施して輸出する分業体制がチュニジアの貿易構造の中心にあったといえる（表4-6、4-7参照）。1986年から1990年にかけて産業部門別の付加価値額の増減をみると、国内向けは化学部門の7%増加以外、全て5%以下の伸びに止まったが、輸出向けは建設資材の36.5%の増大をはじめ電子・機械、繊維など1970年代から1980年代に輸出振興した部門で大幅な伸びを記録した（表4-8参照）。しかし、構造調整期を通じて達成した成長はチュニジ

表 4-6　主要輸出品の推移（1974 年、1991 年）

	1974 年	1974 年	1991 年	1991 年
	（%）	順位	（%）	順位
石油類	35.9	1	14.4	2
オリーブオイル	17.6	2	7.8	4
燐鉱石・鉛など	13.9	3	0.6	10
化学製品（肥料など）	12.4	4	12.6	3
繊維	5.3	5	35.4	1
果実・野菜・生花	1.8	6	2.0	8
飲料・ワイン	1.6	7	0.5	11
紙・パルプ	1.5	8	0.7	9
砂糖	0.7	9	0.1	12
魚介類	0.6	10	2.3	7
皮革・靴	0.3	11	3.2	6
電気機械	0.2	12	5.9	5
その他	7.6	—	14.2	—

（注）INS で他年度も追加。
（出所）［Hammouda1995：111］より作成。

アの高失業率を減少する効果も、所得格差を是正する効果も有さず、より経済の外向性を深めることになった。当時 1986 年から 1988 年の間にチュニジアの通貨（DT）はおよそ 40％切り下げられたため、農産物加工品や織物などの輸出は増大し、観光部門も活況を呈したが、他方で年間平均物価上昇率 15％という激しいインフレとなった。一般給与は 1983 年以来凍結されており［福田 1988：9-10］、人々の生活は決して改善したわけではなかった。

［2］欧州・地中海自由貿易圏構想

(1) バルセロナ・プロセス

こうしたなか、欧州では 1970 年代後半期以降の世界的なスタグフレーションを背景に輸出増加に活路を求める大手企業の国際競争が活

表4-7　主要輸入品の推移（1974年、1991年）

	1974年	1974年	1991年	1991年
	(%)	順位	(%)	順位
一般機械	11.0	1	16.1	2
石油類	10.9	2	6.2	4
繊維	7.4	3	21.1	1
輸送機械	6.8	4	4.9	6
鋳鉄、鉄、鋼鉄	5.0	5	5.4	5
砂糖類	5.0	5	0.9	15
穀物	4.6	7	2.0	10
電気機械	4.3	8	7.7	3
植物油	4.1	9	1.1	14
木材	3.4	10	1.3	12
硫黄	1.9	11	2.4	9
薬品	1.8	12	2.5	8
プラスチック類	1.7	13	3.0	7
乳製品	1.3	14	0.5	16
光学・科学機器	1.3	14	1.8	11
コーヒー、茶、香辛料	1.1	16	0.5	16
天然ガス	—	—	1.3	12
その他	27.5	—	20.4	—

（注）小数点第一位まで数値が同じ場合、順位も同率に修正。INSで他年度も追加。
（出所）［Hammouda1995：112］より作成。

発化していた。欧州の多国籍企業経営者は、競争力強化のために市場統合及び新たな産業政策への関心を高めたのである。ボルボCEOギレンハマーは、1983年に欧州産業人円卓会議（ERT：European Round Table of Industrialists）を設立し、欧州機構の中枢部や財界に積極的なロビー活動を開始した。そして、1986年には単一欧州議定書が成立し、欧州多元主義や福祉国家の基本的な仕組みに配慮しつつ「国境なき欧州」へ前進した［高田2012：76-80］。そして1992年に調印されたマーストリヒト条約によって欧州連合（EU：European Union）が誕生し、域外政策の見直しが開始された。

表 4-8　産業部門別付加価値額の増減（1986～1990 年の平均値）（単位：%）

	輸出向け	国内向け
アグリビジネス	10.9	1.2
建設資材	36.5	2.9
電子・機械	20.5	−0.9
化学	9.0	7.0
繊維・衣服	14.3	4.8
その他	17.7	4.9
各部門の平均値	18.15	3.3

（出所）［Hammouda1995：87］より作成。

1995 年には EU と地中海諸国 12 か国の間でバルセロナ宣言が調印され、2010 年までに EU・地中海自由貿易圏を完成させることが謳われた。「政治・安全保障対話」、「経済・金融」、「社会・文化・人権」パートナーシップの三つの柱からなり、包括的な自由貿易協定（FTA）締結が推進されていく（バルセロナ・プロセス）[25]。ドロール（Jacques Delors）欧州委員長（当時）の言葉を借りれば「30 カ国余の 8 億人から成る世界一の経済協力圏」の創設である［畑中 2000：51］。EU にとって中東、地中海地域は地政学的に伝統的な勢力圏かつ貿易・投資の対象地域であり、石油・天然ガスなどの原燃料の供給地でもある［鈴井 2005：213-242］[26]。

第 1 回バルセロナ宣言の主要目標として以下の 4 つが挙げられた。

[25] 1995 年時点で地中海 12 カ国はチュニジア、アルジェリア、モロッコ、エジプト、シリア、レバノン、ヨルダン、イスラエル、パレスチナ自治政府、マルタ、キプロス、トルコであったが、2004 年にマルタ、キプロスが EU に新規加盟したため地中海諸諸国は 10 カ国となった。またリビアは 1995 年段階で参加を表明していなかったが、1999 年以降、オブザーバー国として会議に出席している［Union Europeanne1995：12］。

1. 政治及び治安に関する協力関係の樹立（平和と安定に関してEU及び地中海諸国は共通した空間を保有）。
2. 繁栄を共有するため漸次、貿易の自由化を図り、経済及び金融の分野における協力関係を樹立。2010年を目標として地中海自由貿易圏を創出。
3. 地中海自由貿易圏創出のため2010年までに漸次、関税障壁と非関税障壁を撤廃。
4. 民間の交流を促進するため、社会・文化・人的分野における協力関係を樹立。

EUはバルセロナ会議以降、開発援助政策の中核であったロメ協定の見直しを加速させ、東アジア10ヵ国とアジア欧州会合（ASEM：Asia-Europe Meeting）を開催した。鈴井は、これを「特恵のピラミッド」から成るEU対外通商政策の転換、すなわち地域貿易協定（RTA：Regional Trade Agreement）及び自由貿易協定（FTA：Free Trade Agreement）などを軸とした「EU–発展途上国関係の再編」と捉えた。そしてEUがグローバリゼーションの趨勢に対して、自らが「ハブ」となり、リージョナルな関係を基盤とするRTA/FTAで繋がれた「スポーク」を世界中に構築しつつあり、同時に、EUが「貧困の撲滅」「民主主義」「人権」「グッド・ガバナンス」の実現といっ

---

[26] また、前述の畑中は1990年代、アルジェリアなど北アフリカにおけるイスラーム原理主義の台頭により、EU諸国が、これら諸国からの移民、難民の流入増を警戒し、新たに政治・軍事・経済・社会・文化の各分野での協力関係の強化を模索し始めたことを指摘した上で、以下のように述べている。「これには、半年ごとの輪番制となっているEU議長国が、95年上半期から順に北アフリカ諸国とのつながりの強いフランス、スペイン、イタリアとなったことも大きく関係していた。さらに地中海東部のアラブ・イスラエル紛争、パレスチナ問題に解決の可能性が出てきたことも、地中海政策の見直しに拍車を掛けた。もちろんそこには和平が到来すれば同地域が歴史的・地理的に関係の深いEUの有望市場になるとの冷静な計算も働いていた」［畑中 2000：51］。

た普遍的でグローバルな課題を発展途上国とともに背負うことになった点を指摘した［鈴井 2002：20］。

そして、近年のヨーロッパ・アラブ関係についてアジズ・ハスビは、「2001年9月11日以降、南北間における政治対話は、安全保障とテロリズムに集中している」［Hasbi2005：139-144］ことに言及した。つまり、EUは自らの発展を維持するためには自由貿易圏の拡大によって地中海のセキュリティーを包括的に強化することを前提としているのである。

しかし、こうした評価は一面的に過ぎない。福田は、欧州諸国と北アフリカ諸国間の連合協定及びEU・地中海貿易圏構想は、実際には北アフリカ諸国における債務危機の救済策として、既に施行されていたIMF構造調整政策を加速化させたこと、そして当該諸国の政治・経済構造をグローバル資本受容可能な形態に変革をし、障害を除去する試みであったことを指摘した。そして自由貿易圏構想に自国の発展を夢見るマグレブ諸国の為政者らが、民営化を合言葉に国民の財産を私物化し、外国資本と結託して法外な富を築いたことに鋭い批判を行っている［福田 2012：82-92］。

(2) 民営化とFDI流入

チュニジアは1994年に世界貿易機関（WTO：World Trade Organization）に加盟し、1995年からは「自由貿易圏構想」の枠組みの中で、欧州多国籍企業の「作業場[27]」としての経済成長モデルを推進した。同構想では欧州と地中海諸国が繁栄を「共有」することを謳っているが、実際には、グローバル資本のために「投資・生産・貿易」に関する障壁の撤廃を加速化させることが最大の目的といえる。1996年には世界銀行がチュニジアに対して早急に民営化を実施することを奨励

[27] チュニジアは軽工業が中心であり、主にEU市場に向けて機械・電気部品の加工、縫製・衣料、皮革などの最終製品の仕上げなどを行っている。したがって重化学工業が行われる「工場」とは区別して使用した。

表 4-9　EU の対発展途上国通商政策転換の諸要因

1. 欧州統合の深化	EU における通商政策は欧州委員会主導で行うことが可能であり、EU レベルでの外交に代替・補充する機能を果たしうる。
2. 冷戦の終焉	市場経済化・貿易投資の自由化がグローバル・スタンダードになるにつれ、資本主義内部（とりわけ欧米間）の競争が顕在化し、通商パートナーとしての発展途上地域との関係強化が不可欠に。
3. 欧州統合の拡大	冷戦終焉の結果、EU が中東欧旧社会主義諸国の欧州への復帰を引き受けることになり、加盟候補国が域外発展途上国ではなくなった。
4. グローバリゼーション／リージョナリゼーションの進行	アメリカ及び国際金融機関主導で進行するグローバリゼーションは、全ての国に適合的とはいえない。EU は、固有の事情を抱える発展途上国には漸進的な改革が現実的で、リージョナル、サブ・リージョナルなレベルでの改革が有効と認識。
5. 東アジア経済の成長	「特恵のピラミッド」の底辺にあったアジア諸国（とりわけ東アジア）が急速に成長する一方で「特権」を付与されてきた ACP 諸国・EU 間貿易シェアが低下した現状。
6. ウェストファリア体制の構造変化	旧植民地帝国及び旧社会主義国における国家の枠組みの弛緩・崩壊。その結果生じた内戦・民族紛争に対する一国単位の伝統的な援助政策や外交手法による対処の限界。

（出所）［鈴井 2002：20-21］より作成。

し、また銀行部門の抜本的な改革・再編成により、更なる競争力と柔軟性を持つように勧告した。それと同時に、FDI 受け入れの障害となっている官僚主義からの脱却を求めたのである。同年 7 月、政府は民営化の対象となる 112 社を発表し、500 万ドルに及ぶ政府資産を 3 年以内に民間へ売却する運びとなった［German and Taylor2009：1135］。チュニジアでは地中海自由貿易圏構想の枠組みのなかで 1996 年から 12 年間かけて段階的に貿易障壁を撤廃することが定められたが、当時、チュニジア工業・技術省は、生産性を上げない限り、対ヨーロッパ企業との競争激化によって 2000 社以上のチュニジア企業が倒産すると予想していた。

チュニジアに対する FDI 流入額は 1990 年から 2000 年までの間、

年平均2億8037万ドルであったが、連合協定が発効されてから増加傾向にある。こうしたなか1987年から2010年までの間、チュニジアは国家の基幹産業である電力・通信・資源部門を含む219の国営企業を民営化した。とりわけ2005年以降はFDI流入額が急増したが、これらは主にチュニジアのエネルギー部門の民営化、観光、不動産、オフショア産業部門に対するものだった（表4-10参照）。2010年のチュニジアにおける全民間投資の24%がFDIであり、全新規雇用の24%を占めたことからも、チュニジア経済におけるFDIの重要性が示されている［JETRO2011：6, 28］。外国企業による輸出志向型の投資は、ビゼルト、ザルジス（ジェルバ島南東の海岸都市）の経済活動公園（Parcs d'Activités Economiques）と呼ばれる「自由加工区」をはじめ、港湾設備の整った地中海沿いの都市に集中した。それに拍車をかけたのがベン・アリ政権の縁故主義だった。ベン・アリは自身の出身地域であるスース（Sousse）近郊を中心に、地中海沿岸部への投資を促進したといわれている。

チュニジア政府は1996年から「工業グレード・アップ計画」（Programme de mise à niveau)」を推進、EU、世界銀行の財政支援の下、技術習得・促進基金（Fonds de promotion et de maitrise de technologie）及び産業競争力拡大基金（fonds pour le développement de la compétitivité industrielle）を設け、輸出産業育成のため国内製造業のレベルの底上げを図ってきた［Partrick2014：1081］。

チュニジア企業約4000社が対象となっているが、分野別には縫製、食品加工、自動車部品が主な対象企業である。計画は大きく分けて①グレードアップ事務局②コンサルティング機関、③融資機関の3つの組織が担当、推進している。主要な役割は、①が関係省庁との調整、海外からの融資、財政援助の調整及び交渉、②が生産、品質管理、人材育成等、生産効率化のためのコンサルティング、③が工場規模の拡大、研究部門の充実及び自己資本の強化を図る企業に対する融資である［田熊2000：59］。2006年までに3671社がリストアップされ、その

表4-10　チュニジア産業別のFDI流入（単位：100万DT）

	2006年	2007年	2008年	2009年	2010年
製造業	347.4	485.7	641.6	771.6	573.6
エネルギー	940.3	1,359.0	1,933.9	1,233.5	1,317.1
観光・不動産	18.3	72.0	198.6	85.5	95.0
農業	14.1	7.7	20.1	16.9	2.8
サービス・その他	3,082.8	146.4	604.5	171.2	176.5
FDI合計	4, 402.9	2,070.9	3,398.7	2,278.7	2,165.0

（出所）［UNCTAD 2009, FIPA 2011］より作成。

うちの2434社が企業改革のためのプログラムを行い、資金として総額37億9500万DTが注入された［Partrick2014：1081］。

2000年代後半に入り、工業とサービス業がチュニジア経済において一段と大きな比重を占めてきた（表4-12参照）。1998年にはGDPに占める工業の割合が25%を超え、全労働人口の5分の1に当たる59万人の雇用を達成し、1999年頃から当該産業、特に輸出主導型企業に対する投資は10.6%も拡大した［German and Taylor2009：1131］。EUとの関税が段階的に撤廃され、競争が激しくなっていく中、2000年以降も順調に成長していった。サービス業において観光業部門は屋台骨であり、年間3045万DT（2008年）を超え、外貨準備高の16%を供給している。27万人の雇用を生み出す一大産業といえる。

(3) 対EU諸国貿易・産業の基本構造

1990年代以降、経済のグローバル化が急速に進展し、欧州財界の戦略も新自由主義へ傾倒していった。2000年のリスボン・アジェンダは、欧州市場統合の戦略的重点が地域主義的統合から、グローバル化に積極的に対応する競争戦略に転換したことを象徴していた。その目標は「世界でもっとも競争力のある、動態的で知識依存型の経済」の構築と良質の雇用機会の確保である。しかし、他方で労働組合や市民組織が求める欧州型モデルの継承を掲げており、リスボン戦略は大

表 4-11　チュニジア製造業部門への FDI 流入（単位：100 万 DT）

	2006 年	2007 年	2008 年	2009 年	2010 年
その他	34.5	16.6	105.1	18.0	13.1
農水産物加工	17.5	39.4	15.1	26.2	58.8
建築資材	46.7	40.2	104.8	71.9	186.8
機械・電気・電子製品	93.9	148.6	102.1	209	144.2
化学・ゴム	35.5	92.2	215.7	257.9	79.4
繊維・衣料	71.8	90.3	50.3	98.9	44.2
皮革・靴	47.6	26.2	33.0	33.7	3.5
プラスチック	—	32.1	15.5	56.0	43.6
FDI 合計	347.4	485.7	641.6	771.6	573.6

（出所）［UNCTAD 2009, FIPA 2011］より作成。

きな矛盾を抱えていた［高田 2012：83-85］。そして、その矛盾の捌け口が中東欧や地中海南岸諸国など EU の周辺諸国に向けられたといえよう。

先に述べたようにベン・アリ政権は、産業基盤のあったチュニス大都市圏、沿海部の都市を中心に FDI 誘致に力を入れた。ビゼルトやザルジスなどの「自由加工区」では、低廉な労働力を利用して、主に EU 企業から委託加工された繊維・皮革製品、電子機器、自動車部品を輸出していた（表 4-11 参照）。チュニジアの主要な輸出品目は他に燐鉱石、リン酸塩などの鉱物資源である。農水産物では、オリーブオイルや小麦、ナツメヤシ、魚類、甲殻類があげられる。また原油、石油精製品とともに輸出されており、輸出額の約 10％を占めるが、隣国のリビア、アルジェリアと比べると少量であり、輸出における構成比も低い。主な輸出先は、独立以降一貫してヨーロッパ諸国であり、2012 年の総輸出額のうちフランス（24.7％）、イタリア（15.1％）、ドイツ（8.8％）を占め、これら 3ヵ国で全体の 48.6％に及んだ。しかし近年、チュニジアにおける対 EU 貿易の比重は減少傾向にある。2003 年以降、2008 年の世界金融危機が起こるまでチュニジアの総輸出入額は増大していたが、EU の景気後退、革命後の混乱の影響により、

表4-12　産業別生産指数（2008年）（単位：1990年＝100）

農業・漁業	663.2	鉱業[28]	30.9
製造業	1052.3	エネルギー産業	318.1
―農産品・食料品.	194.8	建築・土木	289.4
―機械・電気製品	242.8	サービス業	2806.2
―化学製品	90.1	―運輸・通信	976.7
―繊維・衣服・皮製品	271.5	―ホテル・カフェ・レストラン	288.3
―その他	147.5	―その他	1541.2
		―仲介業（金融含まず）	－343.9

（出所）［INS 2009］より作成。

貿易は停滞しているといえよう。こうしたなか対EU依存度が漸減している。FTAの進展と輸出額は比例せず、チュニジアには慢性的な貿易赤字が計上されている（表4-13、4-14参照）。

独立当初の1962年には、チュニジアの財貿易輸出に占める工業品の割合は8.5％に過ぎなかったが、2010年には76％まで飛躍的に上昇した（生産額の約4割が輸出）。「工業品輸出」を中心とする産業構造の転換のようにみえるが、その「工業品」とは一体何なのか。外資による輸出専業企業の比率の高さは特筆に値し、製造業分野で従業員

[28] 世界第5番目の燐鉱石輸出を誇るチュニジアには、世界各国からその採掘権を競いイギリス、オーストラリア、ブラジル、中国、インドなどの多国籍企業が群がっている。国内生産の70％はガフサと北西部のル・ケフに集中しており、この4地域は国営ガフサ燐鉱会社が取り仕切っている。2007年はガフサも含めケフ・エドゥール、ケフ・アシュフェール、そしてジェラビアで計800万トンが採掘され、そのうち79％は海外企業に売られ、15％（5800万ドル）が輸出にまわり、残りの6％は備蓄され、貯蔵量は合計で540万トンにも及んだ。さらに南東部のスファックス、ガベス、スキラではイラン、インドの企業と国営ガフサ燐鉱会社がJVを組み、年間110万トンのリン酸を輸出してきた。しかし、世界金融危機が勃発すると全国の5鉱区で価格調整のため生産が一時停止し、ブリティッシュ・ガス（British Gas）と共同で進めていたHasdrubal offshore gasfieldプロジェクトも足踏み状態となった。ETAPが負担する4億ドルの開発費のうち1億5000万ドルはアフリカ開発銀行（ADB）から融資を受けたが、残りの2億5000万ドルが調達できなかったのだ［EIU 2009］

表 4-13　チュニジアの対 EU 貿易額の推移（単位：100 万ユーロ、%）

年	輸入	伸び率（%）	EU 依存度（%）	輸出
2003	7,250		75.2	6,257
2004	7,622	5.1	72.9	6,762
2005	7,980	4.7	74.4	6,827
2006	8,731	9.4	72.9	7,623
2007	9,522	9.1	68.4	8,991
2008	9,921	4.2	67.7	9,514
2009	9,046	−8.8	59.4	8,066
2010	11,135	23.1	62.5	9,557
2011	11,041	−0.8	58.2	9,913
2012	11,209	1.5	56.1	9,530
2013	11,188	−0.2	56.4	9,355

（出所）［European commission 2014：4, 9］より作成。

表 4-14　チュニジアの主要貿易相手国（2013 年）（単位：100 万ユーロ）

順位	相手国	輸入額	順位	相手国	輸出額
	世界	19,808		世界	12,926
1	EU	12,257	1	EU	8,438
2	中国	1,064	2	リビア	1,051
3	アルジェリア	864	3	アメリカ	528
4	リビア	784	4	アルジェリア	339
5	トルコ	753	5	カナダ	239
6	アメリカ	689	6	エジプト	225
7	ウクライナ	252	7	トルコ	202
8	ブラジル	245	8	韓国	170
9	ロシア	244	9	モロッコ	156
10	インド	241	10	中国	123

（出所）［European commission 2014：9］より作成。

伸び率（%）	EU依存度（%）	収支	総輸出入額
	91.3	−993	13,506
8.1	89.6	−860	14,384
1	84.1	−1153	14,808
11.7	84.1	−1108	16,353
18	83.3	−531	18,513
5.8	75.1	−407	19,435
−15.2	80.5	−980	17,112
18.5	82.9	−1579	20,392
3.7	82.9	−1128	20,955
−3.9	76.4	−1678	20,739
−1.8	72.3	−1833	20,543

順位	相手国	総貿易額
	世界	32,734
1	EU	20,695
2	リビア	1,835
3	アメリカ	1,217
4	アルジェリア	1,203
5	中国	1,187
6	トルコ	954
7	エジプト	464
8	ブラジル	349
9	ロシア	330
10	カナダ	326

10人以上の企業は約5000社で、2000社強は繊維・アパレル部門[29]である。同部門の8割が輸出専業で、かつ3分の1は100%外資、合弁まで含めると半数近くになる。従業員300人以上の企業では過半数が完全外資であり、外資は特に大規模生産を行っていることがわかる［内田2004：65］。

チュニジアは1980年代以降、欧州の「縫製工場として」の地歩を固めてきた。同産業では1970年代から素地を輸入し、労働集約的な生産を行ったうえで、出

29 イタリアのベネトン社とマルティネッリ社は、チュニジア現地企業が付加価値の高い、高級品を製造販売するようになったのを受け、チュニジア国内に新たに製造拠点を移し、熟練工による生産活動へと資本投資を行った。

図 4-6　製造業の内訳（付加価値基準、1990〜2006 年）

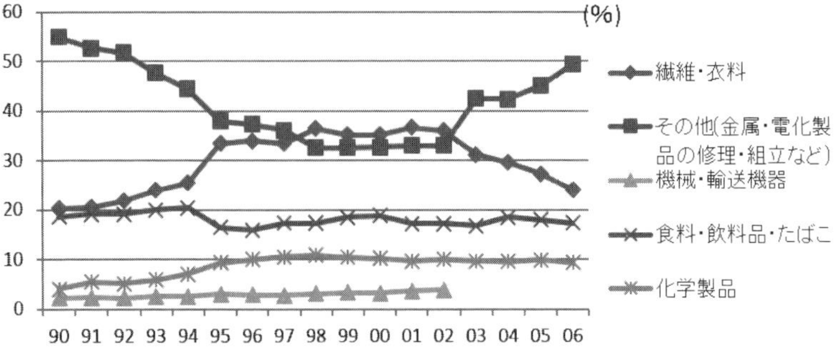

（出所）［World Bank, *WDI* 2011］

来上がった製品を海外へ輸出している。衣類生産地として世界 15 カ国に入っており、欧州市場向け輸出国としても中国、トルコ、ルーマニアに続いて第 4 位に位置する。チュニジアで縫製・加工を行っている国際的アパレル・ブランドとして、ベネトンやラコステ、GAP、ラングラー、クーカイ、イブサンローラン、ギラロッシュなどがある［山口 2011：241］。

1990 年代以降は繊維産業が躍進し、2000 年前後はチュニジア製造業で最も GDP 寄与率が高かった（図 4-6 参照）。2006 年の総輸出額 153 億 1630 万 DT のうち繊維部門が 51 億 5060 万 DT、電子・機械産業が 38 億 6140 万 DT、農水産物部門が 18 億 6800 万 DT（対前年比＋ 28.7%）で全輸出額の 12.1%を占めていた。

しかし 2005 年 1 月の多国間繊維協定（MFA）の失効により大量の中国、インド製品や東欧諸国ルーマニア、ブルガリア製品が欧州市場に流れ込み、チュニジアの主産業である繊維部門の輸出の低迷が危惧された。2003 年の全輸出に占める繊維の割合は 47.2%で輸出高 48 億 8060 万 DT、2004 年は 42.4%の 51 億 1118 万 DT であったが、2005 年には 37.7%の 51 億 3310 万 DT、2006 年は 33.6%まで落ち込み、売上も 51 億 5060 万 DT にとどまっており、それまでの成長から考えると停滞といえる状況が続いた。そのため、製品の品質を向上させるために職業訓練を行い、下請け企業が独立していけるような支援策も実施した。

生産高は落ち込んだものの2000年代半ばにおいても同産業は総輸出額の3割以上を占め、企業数、就業者数ともに全体の4割以上を占めるチュニジア最大の製造業である［山口 2011：240-241］。2008年9月には、ベネトン社が3600万DT（約30億円）の新規投資を決定した。

2000年代以降は電気・電子機器や自動車部品産業の組み立て・修理部門が順調な伸びをみせた。同部門においても、生産形態に関しては繊維部門と同様の傾向がみられる。海外から資本財と部品を輸入し、国際分業体制における未熟練労働工程を担っているのだ。特に西ヨーロッパの企業による生産拠点の移転が進み、トムソン（Thomson）やアルカテル（Alcatel）、エリクソン（Ericsson）、シーメンス（Siemens）がワイヤーケーブルや変圧器などの生産を行っている。クウェートのNorth Africa Holding社は、チュニジア最大の機械部品製造会社（SACEM）株式の51％を取得した。

また自動車部品でも、安い労働力を求めて、レオニ（Leoni. AG）、ヴァレオ（Valeo）などが進出し、EU市場向けにワイヤーハーネスなどを輸出している［山口 2011：241-243］。その他に海外の自動車メーカーではいすゞ、Pirelli、Fiat、GM、Fordなどがチュニジアに進出している。ベン・アリ政権は2007年にチュニジア自動車産業社（Société Tunisienne des Industries Automobiles）を（トラベルシ一族が関与する—引用者）マブルーク（Mabrouk）グループに売却した［Patrick 2014：1081］。2008年に中国で最大級のバス生産を誇る江蘇省の揚州亜星客車株式会社（Yangzhou Yaxing Motor Coach）[30]は組み立

[30] 揚州亜星客車株式会社（所在地：江蘇省揚州市渡江南路41号）は1998年に江蘇亜星客車集団有限会社が設立したバス製造会社で、1998年8月には上海証券取引所で6000万株が発行されており、バス製造会社としては数少ない上場企業である。また、江蘇亜星客車集団有限会社は中国政府が重用する国内企業300社のリストにも挙げられており、江蘇省を代表する企業グループの一つである。

図 4-7　チュニス近郊に集中する自動車産業

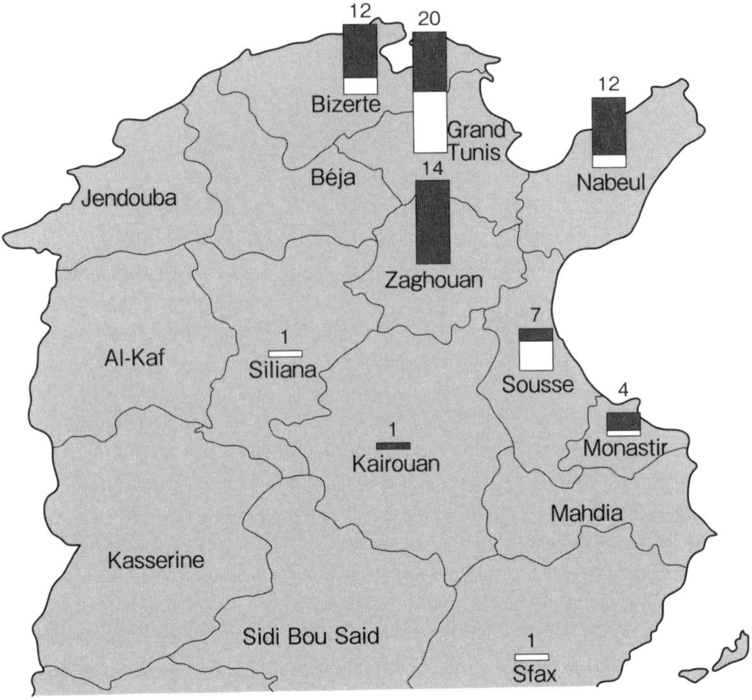

（出所）［Layan et Lung 2009：142］

て工場を建設した［German and Taylor 2009：1132］。APIによれば、図4-7に示されたようにチュニジアにおける自動車産業は、2007年には24県のうち15県に跨って119社が生産を行っていた[31]。そのうちの73社は完全に輸出向け生産に従事しており、2000年以前はチュニス大都市圏、ナブール県、ビゼルト県、スース県に少数しか存在しなかったが、対外開放政策の促進及びザグアン県などの新たな産業都市推進計画とともに、同県への自動車産業誘致に成功した。ベン・アリ政権は輸出志向型産業の集積をザグアンから少しずつ南部・内陸部（ケ

[31] 図4-7ではチュニジア北部の県のみ表示。

ロアン県、シリアナ県、ケフ県など）へ拡大する方針であった［Layan et Lung 2009：142-143］。

しかし、チュニジアにおける自動車産業の地理的集積は、チュニスを中心とする都市近郊に限られており、輸送・輸出インフラ、人的資本など、自動車組み立てに必要な条件が比較的容易に揃う地域が選ばれているに過ぎない。チュニジアに工場を建設し、自動車組み立て生産を行う多国籍企業は、海外から半製品をチュニジアに輸入し、組み立て完成品を輸出するため、国内の地場産業からはほとんど何も調達しておらず、企業間の分業、裾野産業の育成は図られていない。先に述べた電子ケーブルやワイヤーハーネスなどは一部が利用されるが、生産全体からすれば調達量は少なく付加価値も決して高くない［Layan et Lung 2009：143］。

図4-8は、GDPに占める製造業の比率を各地域で比較したものである。チュニジアは1965年から製造業が緩やかに発展しているが、その比率は20％を下回り、アジア・太平洋地域よりも、サハラ以南のアフリカ諸国に近い数値となっている。これは、財輸出に占める工業品の比率が飛躍的に上昇したにもかかわらず、チュニジアが低付加価値製品を生産していることを表している。

図4-9は、チュニジア製造業の輸出品目において、高付加価値のハイテク製品の占める割合を表している。1990年代は平均2％以下であったが、2000年代になると5％前後となり若干の伸びをみせている。しかしながら、中東・北アフリカ諸国及びサハラ以南のアフリカ諸国の平均と比べてもあまり差は見当たらない。OECD諸国との差は歴然としている。チュニジアのハイテク産業は未成熟といえる。1990年代以降、産業の高度化を目指しているチュニジアは、主にFDI誘致及び高等教育の充実、テクノパークの建設を行ってきた。しかしながら、これまで望まれた技術移転が起きているとは言い難い。こうしたなか、表4-13に示されたように2007年に最も多国籍企業の進出数が多いのが製造業で2279社、そのうち繊維産業に1117社でそ

図 4-8　GDP に占める製造業の割合（1965～2010 年）

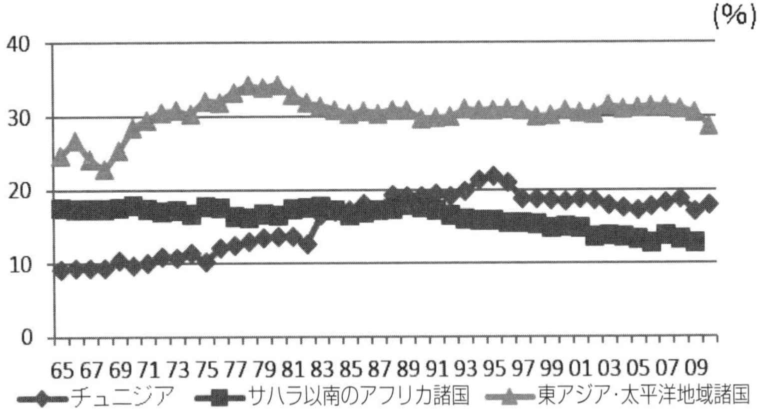

（出所）［World Bank, *WDI* 2011］

図 4-9　製造品輸出に占めるハイテク製品の割合（1990～2010 年）

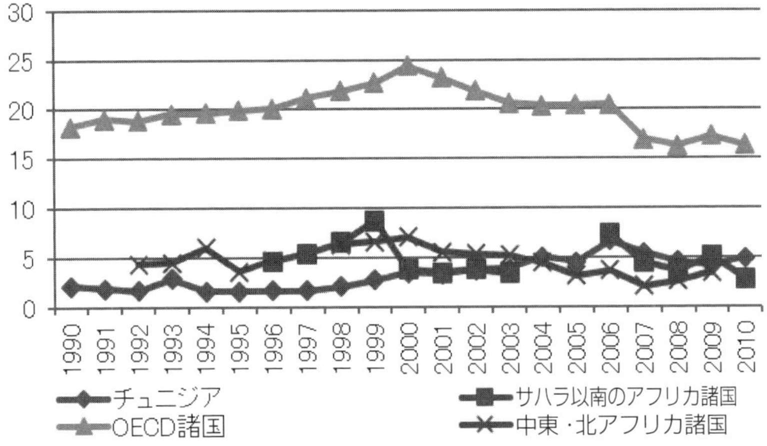

（出所）［World Bank, *WDI* 2011］より作成。

表4-13　途上国における製造業の成長比較（2008年）（単位：ドル，％）

	①製造業1人当たり付加価値額	②GDPに占める製造業	GDPに占める製造業の推移00年―08年
アラブ諸国	381.4	12.1	0.85
エジプト	278.9	15.7	−0.68
モロッコ	219	15.9	−0.81
チュニジア	414.7	16.5	−1.12
途上国	412.9	21.7	1.14
東アジア諸国	632.5	29.5	1.49

（出所）［Magdi and Regui et al　2012：114］.

表4-13　外国企業の進出状況（2004年、2007年）

	企業		就業人数		FDIストック額	
	2004年	2007年	2004年	2007年	2004年	2007年
製造業	2,166	2,279	216,489	250,086	4,527.8	5660
繊維・衣服	1,164	1,117	126,648	131,196	914.5	1,023.8
サービス	213	325	4,702	19,276	557.9	4,174.8
農業	71	78	1,733	1,811	207.2	242.4
観光	157	158	16,951	16,562	2,080.5	1,581.3
エネルギー	52	55	3,250	3,250	11,535.2	15,748.3
合計	2,659	2,895	243,125	290,985	18,908.7	27,406.9

（出所）［Driss 2009：124］より作成。

れぞれ25万人、13万人の雇用を創出している。問題は、チュニジアではこれらの産業が低付加価値であるため、必然的に賃金水準が上昇していないことであろう。FDIストック額で比較するならば、サービス産業にも莫大なFDI流入が認められるが、就業人数は2万人に及ばず、さらに最も資本が豊富なエネルギー産業は、3250人の雇用に止まっている。

2008年にはチュニスを北アフリカの「ドバイ」のような都市にするため、新チュニス湾南部地区開発プロジェクト法案が始まった。これはチュニスを南地中海の玄関とし、欧州・中東のビジネス（IT・

金融・ロジスティック）拠点及びリゾート地にする構想で180億ドルの巨大プロジェクトであった。しかし、リーマンショック以降の世界的な金融危機の影響を受けた湾岸諸国による投資が滞り、計画は延期された。石油価格の下落にともないドバイ株式市場は急落したが、その影響でチュニジアに莫大な投資を行っていた湾岸諸国の企業の多くが2010年までに土地開発計画を中止した。チュニス近郊のコルブスや海辺のリゾート・エル・ハウリアでは、すでに建設されていた豪華なホテルや新興住宅地の足場が無残に残されている。近年、不動産と観光部門への投資がつづき、建設ラッシュでにぎわっていたチュニスの姿を目の当たりにし、「飛躍的な発展」を夢見た人々は少なくない。

(4) 経常収支と累積債務問題

チュニジアの経常収支は慢性的な赤字を計上している。これはマクロ経済の成長に伴い、輸入超過による貿易収支の大幅な赤字が主な要因である。さらに、輸出品の成長速度にすそ野産業の規模、技術、製品開発力が追い付かず、消費財、原料、半加工品、資本財の輸入が増加したことが挙げられる。所得収支の赤字は、国内で活動する多国籍企業の数に比例して、国外へ所得が流出していることを表している。これらの赤字幅を埋め合わせる役割を担っているのが、サービス収支と経常移転収支の黒字である。サービス収支の黒字は、観光収入と地中海横断天然ガスパイプラインから得られるロイヤリティー[32]、そして、国営企業の民営化収入によるところが大きい。また、経常移転収支は、前述の移民送金とほぼ同額であることから、チュニジア経済における「外部収入」の重要性が導かれる。

---

32 2004年が1億600万DT、2005年は2億200万DT。アルジェリアの天然ガスをチュニジアからシチリア島へつなぎ、イタリア本土まで供給している。総延長は2485km。1983年に輸送が開始され、1997年の第二次拡張時には、チュニジア電力・ガス公社（STEG：Société Tunisienne de l'Electricité et du Gaz）の国内向け供給能力も上がり、年間160億㎥から240億㎥となった。

EU・地中海自由貿易圏への参加は、先進諸国企業の製品やサービスに対して、チュニジアも国内市場を開放することが条件となっている。競争に晒されるチュニジア企業の支援という形で、EUを中心に、技術協力及び投資が促進された。そして、チュニジア国内インフラの整備のために多額の資金が注入されたのである。これは、「パートナー」としてのチュニジアへの援助である反面、債権者にとっては利子の受け取り額が増大することを意味し、また将来的な先進諸国企業の利益を確保する狙いがあったことは言うまでもない。こうしてチュニジアは、外部資金と技術援助に依存することによって、ヨーロッパ市場向けの軽工業に資本と労働力が吸収された。したがって、国民のための基礎的生産物を国内で生み出せず、輸入によってそれらを賄わなければならないのである。必然的にチュニジアにとって外貨獲得が国家の重要政策となった。

独立以降、世界銀行をはじめ、アフリカ開発銀行、EU諸国（特にフランス）、米国、ロシア、湾岸産油国、日本が債権者となりチュニジアの対外累積債務は増加の一途を辿り、2011年に223億ドルにまで達した。また「開発＝発展」プログラムの名のもとに投資、雇用、教育、社会保障、環境分野を中心に2000年までに年間1350万ドルを超える援助が支払われ、2014年現在に至るまでこうした潮流は変わることがない。確かにEUの「作業場」として機能し始めてからチュニジアの貿易額は伸び、GDPも堅実な成長を遂げてきた。国家機構や国際機関が数字で表すことのできる援助の成果としては、経済パフォーマンスの面では一定の評価が可能である。しかしこれは国民が生活の中で自ら認識できる豊かさとしての成果と同義ではなく、両者の間には乖離が見られる。チュニジアが、ヨーロッパの「作業場」としてどんなに輸出を拡大しても、国家を運営するうえで、相変わらず国際金融機関や各国からの資金援助に頼らざる負えない構図が浮かび上がる。IMF・世界銀行の「優等生」と称されたチュニジアは、毎年約20億ドルの元金と利子を債権者へ返済しつづけている（図表4-4）。

表 4-14　チュニジアの経常収支の推移（単位：100 万ドル）

	2003 年	2004 年	2005 年	2006 年	2007 年
貿易収支	−2,269	−2,321	−1,963	−2,514	−2,876
一輸出	8,027	9,959	10,631	11,688	15,147
一輸入	−10,296	−12,280	−12,594	−14,202	−18,023
サービス収支	1,324	1,643	1,830	1,840	2,106
所得収支	−956	−1,140	−1,478	−1,389	−1,766
経常移転収支	1,199	1,400	1,339	1,469	1,650
一移民送金	1,107	1,268	1,195	1,303	1,446
経常収支	−730	−441	−299	−619	−916

（出所）［WDI 2011］より作成。

図表 4-4　チュニジアの対外累積債務残高と返済状況（単位：100 万ドル）

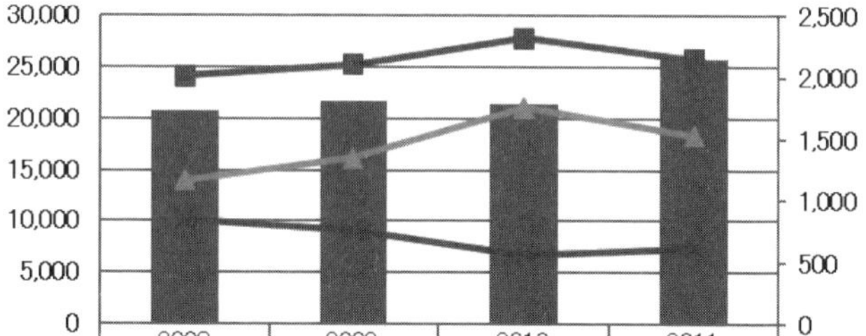

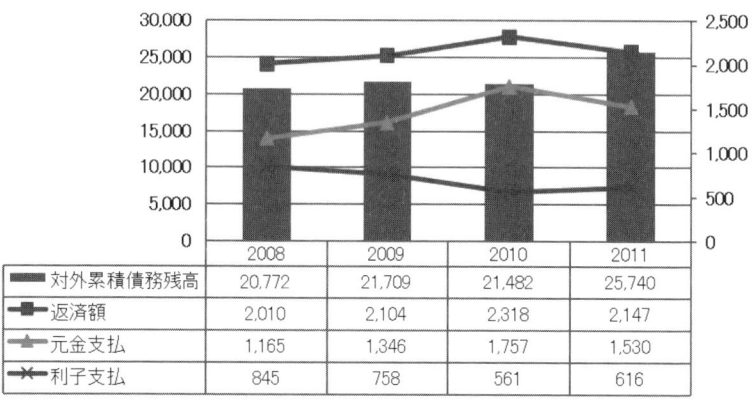

	2008	2009	2010	2011
対外累積債務残高	20,772	21,709	21,482	25,740
返済額	2,010	2,104	2,318	2,147
元金支払	1,165	1,346	1,757	1,530
利子支払	845	758	561	616

（注）2010 年は、EIU による推定値であり、2011 年は予測値である。
（出所）［IFS，EIU 2011］より作成。

こういった一連の危機の誘因は、そもそも FDI の特性に内在するものである。資本の拡大再生産を行うために、自らの利益追求を第一目標に据える企業（多国籍企業）としては、投資対象国の持続可能な自律的発展を考慮する前に、いかに現実的な判断を下せるかが重要だ。つまり、「投資」と「撤退」のタイミングである。こういった多国籍企業の特質を十分に認識しながらも、国家が民営化を推し進めること

2008年	2009年	2010年
−4,010	−3,699	−4,575
19,183	14,418	16,430
−23,193	−18,117	−21,005
2,,643	2,,524	2,460
−2,267	−2,010	−1,924
1,947	1,978	1,971
1,725	1,726	1,724
−1711	−1,233	−2,104

と対外債務返済とをリンケージさせてしまうことが新たなリスクを生んでいるといえよう。

結びにかえて―EU新通商戦略とチュニジアの地平

遅々として進まないGATTのWTO交渉に不満を抱える欧州財界人の意向をうけて、2006年に「グローバル欧州：世界での競争」戦略が打ち出され、二国間FTAと規制緩和が推進された。しかしながら、これは欧州多国籍企業の資本蓄積危機を、域外（旧植民地を含む第三世界、東欧諸国）への進出で乗り切ること、「新自由主義のプログラム」を条約締結によって加速化、制度化させることに主眼が置かれていた可能性が高い。

2008年9月にリーマン・ブラザーズが倒産し、世界的な金融危機が顕在化した際、専門家たちの間では「新自由主義の死」さらには「グローバル資本主義の終焉」までもが語られた。ニコラ・サルコジ仏大統領（当時）のような保守派の政治家でさえ、グローバリゼーション及び市場原理主義を遡上に載せたため「自由世界のリーダー」ジョージ・W・ブッシュは自由市場資本主義の擁護に躍起にならざるを得なかった。それが数年の内に批判の矛先が市場から国家に向けられ、野放しの金融資本主義の危機がいつの間にか「公的債務の危機」にすり替わった［De Ville and Orbie2014：150］。こうして新自由主義陣営は世界各地でその勢力を温存したのである。

本章を通じて見てきたように、チュニジアでは開発資金援助という名の債務及び多国籍企業の進出によって、伝統的産業部門（鉱業、農業・食品加工）に加えて、輸出志向型産業部門（繊維、化学、炭化水素、機械部品組立など）が形成された。しかし、国内産業間の連関が断たれた状態で、国外からの生産手段・中間財輸入に依存し、特定の工業都市で輸出拡大を志向する開発モデルは結果として対外累積債務の膨張を招いたのである。財政破綻寸前に追い込まれた同国はIMF・世界銀行の構造調整政策に救いを求めたが、その処方箋はさらにチュニジアの「外向性」を強めながら、国内の格差・失業問題を深刻化させた。そして、このようなチュニジアの対外志向は、「欧州・地中海自由貿易圏構想」というEUの戦略の枠組みのなかで、ベン・アリ政権下が推進した自由貿易政策によって新たな段階へと進んだ。言い換えればチュニジアは国際分業体制への参加を基盤とした新たな資本蓄積様式に再編成されることで、経済成長を追い求めている。しかし、その結果、外部資金と技術援助、生産手段の輸入に依存することで、主にEU市場向けの従属的な軽工業に資本と労働力が吸収された。チュニジアのように「運良く」外国資本を誘致し、特定の産業を振興できたとしても、このような投資や産業は、そもそも大多数の労働者に利益をもたらすものではなかった上に、国内の一部地域に集中したことによって、地域間および農工間格差が拡大した。これが同国において「潜在的不満層」を形成する主な要因であった。2011年の革命勃発以降、民主化への移行が進んでいるかにみえるチュニジアだが、夥しい数の若年層失業や格差・貧困の拡大、「尊厳の喪失」といった根本的な問題は何一つ解決していない。国家から見捨てられた若者たちは宗教に救いを求めた。革命後チュニジアでは、イスラーム過激派組織に身を寄せ、シリア、イラクにおける戦闘に義勇兵として赴く者、新政府への抗議の焼身自殺を図る者が後を絶たないのである。

参考文献

（日本語）

アンドレ・グンダー・フランク著、吾郷健二訳（1980）『従属的蓄積と低開発』岩波現代選書。

医王秀行（1991）「チュニジア—内政問題と教育改革の行方」中東調査会『中東研究』12月号。

イマニュエル・ウォーラーステイン著、山下範久訳（2004）『脱商品化の時代—アメリカン・パワーの衰退と来るべき世界—』藤原書店。

内田政義（2004）「対EU製造拠点化を図る」『JETROセンサー』5月号。

勝俣誠（1980）「フランス・マグレブ経済・政治関係の構造と動態」中東調査会『中東通報』11月号。

加藤文彦（1980）「ムザリ新内閣の成立とチュニジアの課題」中東調査会『中東通報』11月号。

鴨志田恵一（1979）「チュニジア」中東調査会『中東・北アフリカ年鑑』。

ガラール・アミン著、中岡三益、堀侑訳（1976年）『現代アラブの成長と貧困』東洋経済新報社。

『現代思想—アラブ革命—』（2011）4月臨時増刊号、青土社。

ダルウィッシュ・ホルム「アラブ世界の新たな反体制運動の力学—エジプトとチュニジアを例として」（2011）

酒井啓子編『〈アラブ大変動〉を読む—民衆革命のゆくえ』東京外国語大学出版会。

サミール・アミン著、久保田順、戸崎純、高中公男訳（1996）『開発危機—自立する思想・自立する世界—』国連大学出版局、文眞堂。

————北沢正雄、城川桂子訳（1982）『アラブ民族—その苦悶と未来—』亜紀書房。

清水学編（1997）『中東新秩序の模索—ソ連崩壊と和平プロセス—』アジア経済研究所。

鈴井清巳（2005）「EUの対地中海・対エジプト通商政策—グローバリゼーション、リージョナリゼーション、ヨーロッパ統合—」山田俊一編『エジプトの開発戦略とFTA政策』所収、アジア経済研究所。

————（2002）「EUの対発展途上国通商政策の転換」『世界経済評論』10月号、世界経済経論協会。

鈴木佳明（1979）「チュニジア」中東調査会『中東通報』3月号。

高田太久吉（2012）「欧州統合と多国籍企業のグローバル化戦略—金融財政危機から政治危機へ—」『経済』8月号。

田熊清明（2000）「チュニジア・協力てこに国際協力の強化を」『JETROセンサー』

6月号。
デヴィッド・ハーヴェイ（2007）渡辺治監訳、森田成也、木下ちがや、大屋定晴、中村好孝訳『新自由主義―その歴史的展開と現在』作品社。
中邑豊朗（1970）「フランスと中東―フランスの中東・経済進出を中心に―」『中東通報』中東調査会、10月号。
日本貿易振興会編（1968）『世界貿易事典5―中近東・北アフリカ編』日本経済新聞社。
畑中美樹（2000）「地中海自由貿易地帯構想の背景と展望」『JETROセンサー』6月号。
福田邦夫（2012）「EUの21世紀―経済危機から統合への未来―」『神奈川大学評論』第73号。
――――（2012）「グローバリゼーションとジャスミン革命」アジア・アフリカ研究所『アジア・アフリカ研究』第52巻第3号。
――――（2006）「EUと北アフリカの経済統合」山田俊一編『中東・北アフリカの地域経済統合』アジア経済研究所。
――――（2006）『独立後第三世界の政治・経済過程の変容―アルジェリアの事例研究―』西田書店。
――――（1997）「アラブ・アフリカの苦悩」岩田勝雄編『21世紀の国際経済―グローバル・リージョナル・ナショナル』新評論。
――――（1988）「マグレブ経済の現段階」日本アルジェリア協会『マグレブ』5月号。
――――（1986）「ムザリ首相解任― Pourquoi la chute:Mzali」日本アルジェリア協会『マグレブ』11月号。
福田邦夫、小林尚朗編（2006）『グローバリゼーションと国際貿易』大月書店。
福富満久（2011）『中東・北アフリカの体制崩壊と民主化― MENA市民革命のゆくえ―』岩波書店。
フランツ・ファノン著、鈴木道彦・浦野衣子訳（1996年）『地に呪われたる者』、みすず書房。
宮治一雄（1996）「EUの地中海政策」国際金融情報センター『中東和平動向と地中海経済圏構想』。
――――（1978）『アフリカ現代史V北アフリカ』山川出版社。
山口直彦（2010）『アラブ経済史1810～2009年』明石書店。
吉田敦（2003）「EU・北アフリカ諸国間貿易自由化に伴う国際分業体制の再編成」明治大学大学院『明治大学商学研究論集』第18号。
山中達也（2014）「中東・北アフリカ諸国の開発と危機―『アラブの春』という欺瞞」福田邦夫監修、小林尚朗、吉田敦、森本晶文編『世界経済の解剖学―亡益論入門―』所収、法律文化社。
――――（2012）「独立後チュニジア社会・経済の諸問題―ベン・アリ体制崩壊と世

界システム―」明治大学大学院『商学研究論集』第37号。
――――（2010）「チュニジアの産業・貿易構造分析―」明治大学大学院『商学研究論集』第32号。

（英語）

Amin Magdi and Assaad Regui et al (2012), *After The Spring : Economic Transitions in the Arab World*, Oxford University Press.

Clement M.Henry and Robert Springborg (2001), *Globalization and the Politics of Development in the Middle East*, Cambridge University Press.

Immanuel Wallerstein (2011), "The contradiction of the Arab Spring", *Al Jazeera*, 20 Nov..

Ignacio Ramonet (1996), *"Main de fer en Tunisie"*, Le Monde Diplomatique, juillet.
　イニャシオ・ラモネ著、斎藤かぐみ訳（1996）「チュニジアの鉄腕政治」『ル・モンド・ディプロマティーク日本語・電子版』7月。

Farhad Khosrokhavar (2012), *The New Arab Revolutions that shock the World*, Paradigm Publishers.

Ferdi De Ville and Jan Orbie (2014), "The European Commission's Neoliberal Trade Discourse Since the Crisis : Legitimizing Continuity through Subtle Discursive Change", *The British Journal of Politics and International Relations* vol 16, Political Studies Association.

Neil Partrick (2014), "Tunisia : Economy", *THE MIDDLE EAST AND NORTH AFRICA*, Routage Taylor and Francis Group.

Richard German and Elizabeth Taylor (2009), "Tunisia : Economy", *THE MIDDLE EAST AND NORTH AFRICA*, Routage Taylor and Francis Group.

Samir Amin (2012), *The People's Spring : The Future of the Arab Revolution*, Pambazuka.

（仏語）

Amor Belehedi (1992), *Société, Espaces et Développement en Tunisie*, Université de Tunis Ⅰ.

Azzam Mahjoub (1987), "État, Secteur public et Privatisation en Tunisie", *Annuaire de l'Afrique du Nord*, CNRS.

Aziz Hasbi (2005), "Le Partenariat Euro-Méditerranéen, Sous la direction de Abdelkhaleq Berramdane," Karthla, Paris.

Béatrice Hibou, Hamza Meddeb, Mohamed Hamdi (2011) "La Tunisie d'apreès le 14 janvier et son économie politique et sociale : les enjeux d'une reconfiguration de la politique européenne", *Euro-Méditerranéen des Droits de l'Homme, FASOPO*, Copenhagen.

Bichara Khader (2009), *L'Europe pour La Méditerranée : De Barcelone à Barcelone*, L'Harmattan, Belgique.

Hafed Sethom (1992), *Pouvoir Urbain et Paysannerie en Tunisie*, Tunis, Cérès Production.

Hakim Ben Hammouda (1995), *Tunisie : Ajustment et difficulté de l'insertion internationale*, Forum du Tiers Monde, L'HARMATTAN,.

Jacques Ould Aoudia (2006), *Croissance et reformes dans les pays arabes méditerranéens*, Agence française développement, Paris.

Jean-Bernard Layan et Yannick Lung (2009) "Les trajectoires de l'industrie automobile au Maroc et en Tunisie", Mihoub Mezouaghi, *Les Localisations industrielles au Maghreb : Attractivité*, agglomération et territoires, IRMC-KARTHALA.

Mahmoud Ben Romdhane (1987), Fondements et contenu des restructurations face à la crise économique en Tunisie, *Annuaire de l'Afrique du Nord*, CNRS.

Mihoub Mezouaghi (2009), *Les Localisations industrielles au Maghreb : Attractivité, agglomération et territoires*, IRMC-KARTHALA, Tunis.

Pierre Signoles (1983), "Industrialisation, Urbanisation et Mutations de l'espace tunisien", *Annuaire de l'Afrique du Nord*, CNRS.

René Baretje, R.Djemni (1978), "Le tourisme internationale dans les pays du Maghreb;Dossier Statistique", Annuaire de l'Afrique du Nord, CNRS.

République Tunisienne (2011), *Stratégie de developpement économique et social 2012-2016*, septembre.

Tahar Belkhodja (1998), "Les Trois Décennies BOURGUIBA", ARCANTERES PUBLISUD.

（定期刊行物）

Annuaire de l'Afrique du Nord 1968-2003, CNRS.

EIU, *Tunisia Country Report 2009-2014*, London.

L'Année du Maghreb 2004-2013, CNRS.

Le Monde Diplomatique.

MEED (Middle East Economic Digest).

MEES (Meddle East Economic Survey).

UNCTAD, World Investment Report 2008-2013.

『中東・北アフリカ年鑑』中東調査会（1968年～1995年）。

『マグレブ』日本アルジェリア協会（1985年～1992年）。

（ウェブサイト内資料）

European commission（2014）European Union, Trade in goods with Tunisia, 27 August.

World Bank（2011）, "World Development Indicators 2011", Washington D.C.

——（2009）, EU and the world, Bilateral Trade, Tunisia, 22 September.

結語

21世紀世界と対峙する

今、私たちはどんな世界で暮らしているのだろうか。国際労働機関（ILO）によると[1]、①1日1人あたり1.25ドル未満で暮らす貧困層は3億9700万人、1.25ドル以上2ドル未満の貧困層は4億7200万人、2〜4ドルで暮らす貧困層は6億6100万人（2013年）となっており、②若者の失業率が58.4%のギリシャ、55.7%のスペインをはじめ、ヨーロッパ連合（EU）平均では23.5%（2013年）を記録し、欧州では若者の3割が貧困または社会的排除の危機に直面（2011年）している。また、③アフリカの失業率は9%（これは疑わしい）に過ぎないが、フォーマルな経済で安定した職に就いている人は就業者のわずか28%（2013年）である。それから、④児童労働は世界全体で2億1500万人（2010年）もいる。

今日[2]、世界情勢の変化が著しい。貧困、紛争、宗教、人権、環境、安全保障、格差拡大など社会的問題が複雑化かつ多重化し、人間が享受すべき基本的な生活が脅かされている。それに加え、リーマンショックによる世界金融危機や福島原発事故など、事態は深刻である。さらには、覇権国家アメリカの衰退やEUの混乱、新興諸国およびBRICS（Brazil、Russia、India、China、South Africa）の台頭、地域統合や自由貿易協定（FTA）など自由貿易の進展は、世界経済の枠組みが変容する契機と要因を多分に孕んでいる。現代世界が直面しているこ

1 ILO（http://www.ilo.org/public/japanese/region/asro/tokyo/）参照。

2 同段落および次段落、次々段落は、［大津 2014：6-7］。

のような喫緊の問題をいかにして解決できるのか、そしてどのように展望するのか。有史以来、かつてない危機が進行する地球全体・人類全体の課題である。

とりわけ、アジア・アフリカ・ラテンアメリカ諸国など西欧列強によって、本来のあるべき暮らしを収奪された旧植民地地域では、緊迫した社会状況が加速度的に進んでいる。ふりかえれば、第二次世界大戦後（以下、戦後）、アジア・アフリカ・ラテンアメリカ諸国は悲劇的な植民地支配から解放され、まがりなりにも自立的な国民経済を構築できるよう、国家主導の経済開発政策をとることによって自らの手で自らの社会と生活を切り拓こうとしていた。人類は開発という概念を用い、近代経済学（主流派経済学）を駆使したアプローチによって、こうした諸問題の解決と目標の実現を目指してきた。しかしながら、多くの途上国において期待された先進工業国へのキャッチアップは達成されず、底辺への競争にさらされ、途上国内においても貧富の格差が拡大し、社会不安は蔓延している。それは、史的に戦後の東西冷戦や南北問題、第三世界の構築というプロジェクトと過程のなかで生起しつつ、資本主義世界への全面的な包摂と位置づけられる。

われわれの経済諸活動は、多国籍企業や巨大金融機関が担い手となってインターネットに代表される情報化をともない、国際通貨基金（IMF）や世界銀行（World Bank）、世界貿易機関（WTO）などの国際諸機関が推進している経済のグローバル化に深く組み込まれている。特に、1989〜1991年の冷戦体制解体によって、グローバリゼーションは市場原理主義的構造改革、すなわち「自由化」による競争を通じて世界的規模で急速に展開されており、一部の先進資本主義諸国や多国籍企業、資本家が、多くの途上国を搾取し市場を闊歩している。

こうした問題意識・問題提起に適切で的確な回答があれば、世界は変わるだろう。しかし、その答えは未だに見つかっておらず、私たちは模索しつづけている。本項では、こうした点について、想うところをノートする。

経済学は私たちの生活を豊かにしてくれるのだろうか。まずは、経済学とは何かということに遡って考えてみなければならないだろう。今日の主流経済学の流れをつくったアルフレッド・マーシャルは、以下のように述べている。

「経済学は日常生活を営んでいる人間に対する研究である。(…) 人間の性格は、宗教的信念の影響を除くと、他のどのような影響よりも日常の仕事と、それによって獲得される物質的収入によって形成されてきたところが大きいからであり、また経済的な力は宗教的な力とともに世界の歴史を形成してきた二つの主要な要因であったからでもある。ときとして、軍事的、芸術的な精神の高揚がしばらくのあいだ支配的な力となったこともあるが、それでも宗教的ならびに経済的影響はいかなる場合にも、たとえしばらくのあいだも、重要な地位から引きおろされたことはない。それらはほとんどすべて場合、他のすべての力を合計したものより強い力をもっていた」[マーシャル 1965：1][3]。

「経済学は人間の研究の一部」であるならば、経済学は人間に関する研究に資するものでなければならない。人間とは何か。マーシャルは、経済学を学ぶ学生には、ロンドン郊外のスラム（貧民窟）で一定期間、生活することを要求したと言われている。自分の努力とは無関係に途方もない富を手にしている人々と、貧苦に喘いでいる人たちがいるという世界の矛盾を考えるためである。これは、経済学が解決しなければならない課題あり、同時に誰もが抱かなければならない問題意識の入り口である。

しかし、突き詰めすぎると経済学の罠に嵌ってしまう。佐和隆光は、「結局のところ、日本人にとって経済学は、いかなる接頭辞が上に冠されるものであれ、徹頭徹尾、欧米から輸入したできあいの既製品にしかすぎなかった。とりわけ新古典派総合の経済学は、数理経済学のメッカを誇った米国西部の大学を経て外来した。いわゆる検疫済みの

---

3 原著は、1890年。

輸入経済にほかならなかった。そうしたできあいの経済学は、数理的な審美の対象としては絶好であったし、また社会を『工学』とせんとする人びとを魅了する要素もあわせもっていた。だが、しかし、『創造の源泉としての精神』もしくは『それを生みだした思想的・文化的基盤』は、そうした検疫によってほぼ完璧なまでに除去されていたことも否めない。とりわけ、『古典ではなくして教科書で学ぶ』という、<科学>としての経済学の流儀に従順であればあるほど、『創造の源泉としての精神』からは、ますます遠のかざるをえなかったのである」〔佐和 1982：44〕と述べている。つづけて、「古典を読破するための語学力も、あるいは現実社会に対する人並み外れた洞察力も、社会科学の専門家となるための必要条件ではもはやない。初歩的な微積分と行列代数の知識と、宿題・試験のくりかえしにたえるだけの忍耐力さえあれば、数年間の大学院教育を経て、経済学のプロフェッショナルの資格証明（博士号または修士号）を獲得できるのである」〔佐和 1982：95〕と指摘する。

これでは、人間に関する研究とはかけ離れてしまっている。“考える力”はいらないということになる。つまり、思考の“機械化”である。

自らの意志でもって疑問を抱くことは大切である。梅本克己は、「抱き合っている恋人同士にむかって、君たちは何のために生きているのかなどといえば、邪魔をするな、あっちへ行ってくれといわれるだろう。かくのごとき愚問を発する頓馬な男を、世にも哀れな人間を見るような眼で眺めてくれるかもしれない。人はもっともよく生きているときには何故にとは問わない。哲学は無用だ」〔梅本克己著作集編集委員会 1977：13〕と述べている。哲学（問いを立てつづけること、すなわちそれは自己＝他者の問いかけ、言い換えれば相手を考えること）がないとどうなってしまうのか。行き着くところは、個人主義（資本主義）のぶつかり合いとなる。

この 21 世紀、世界はまた大きな転換をむかえることは間違いない。世界およびアジア・アフリカの行方は様々な形で語られており、そのコンセンサス（合意方式）やオルタナティブ（代替案）は数多く提起されている。経済学的にいえば、自由貿易の推進や地域統合の拡大、グローバル・ガバナンスの構築や制度改革、グローバル機関の再編といった潮流がまずは挙げられるだろう。しかし、アジアやアフリカでは近年とりわけ政治的・外交的・宗教的な問題がクローズ・アップされ、互いの溝は深まるばかりである。世界的にそしてアジア・アフリカにおいてもその対立と衝突が懸念されている。進展するグローバリズムに高揚するナショナリズム、大衆の思索は交錯する。

ベネディクト・アンダーソンの『想像の共同体』から引用しておこう。アンダーソンは、言語、文化、政治、社会などの世界史的過程をたどってネーション（国民）、ナショナリティ（国民的帰属）、ナショナリズム（国民主義）の意義を問う。すなわち、「国民は［イメージとして心の中に］想像されたものである。とういのは、いかに小さな国民であろうと、これを構成する人々は、その大多数の同胞を知ることも、会うことも、あるいはかれらについて聞くこともなく、それでいてなお、ひとりひとりの心の中には、共同の聖餐（コミュニオン）のイメージが生きているからである」［アンダーソン 2007：24］[4]、「国民は、限られたものとして想像される。なぜなら、たとえ 10 億の生きた人間を擁する最大の国民ですら、可塑的ではあれ限られた国境をもち、その国境の向こうには他の国民がいるからである」［アンダーソン 2007：25］、「国民は主権的なものとして想像される。なぜなら、この国民の概念は、啓蒙主義と革命が神授のヒエラルキー的王朝秩序の正当性を破壊した時代に生まれたからである」［アンダーソン 2007：25］、「そして最後に、国民は一つの共同体として想像される。なぜなら、国民のなかにたとえ現実には不平等と搾取があるにせよ、国民は、常に、水平

4 原著は、1983 年。

的な深い同志愛として心に思い描かれるからである。そして結局のところ、この同胞愛の故に、過去2世紀にわたり、数千、数百万の人々が、かくも限られた想像力の産物のために、殺し合い、あるいはむしろみずからすすんで死んでいったのである」［アンダーソン 2007：26］と述べている。われわれが真に互いの関係性を築きあげるときに、思い起こさなければならない点であろう。

実は、私たちがみている世界は、自分自身が直接触れたことも感じたこともない「神話」によっていろどられていないか。今、自分の立ち位置がどこなのか、全体的（世界的）な社会状況や経済動向から把握することが重要であり、忘却してはならない点である。

時代は、3Dプリンターや4Dプリンターの開発、超高速取引（HFT）の実用に超高速移動手段の計画、またiPS細胞（人口多能性幹細胞）研究をはじめとした遺伝子技術の進展にみられるように、"人間総体"をもコントロールする領域に踏みこんでいる。大陸をかけめぐり、海をわたって、空をとびまわり、宇宙から地球をながめ、われわれはどこまでつきすすめば現代世界が投げかける問題に答えることができるのであろうか。否、愚問であろうか。経済の結びつきは、人間の結びつきに帰着する——「人間の結びつきについて—なお本当の発見とはどんなものか」に記した吉野源三郎は以下のように優しく伝えている[5]。

> 君が生きてゆく上に必要な、いろいろな物をさぐって見ると、みんな、そのために数知れないほどのたくさんの人が働いていたことがわかる。それでいながら、その人たちは、君から見ると、全く見ず知らずの人ばかりだ。この事を、君はへんだなあと感じたね。

---

5 以下は、［吉野 1982：96〜98］。原著は1937年。以下で出てくるコペル君とは、語りかける相手（主人公）で、中学生という設定である。コペル君の行動や言動の成長を通じて、いかにして問題意識をもつべきか、を説く。

広い世間のことだから、誰も彼も知合いになるなどということはもちろん、出来ることじゃあない。しかし、君の食べるもの、君の着るもの、君の住む家、——すべて君にとってなくてならないものを作り出すために、実際に骨を折ってくれた人々と、そのおかげで生きている君とが、どこまでも赤の他人だとしたら、たしかに君の感じたとおり、へんなことにちがいない。

へんなことにはちがいないが、今の世の中では、残念ながらそれが事実なんだ。人間は、人間同士、地球を包んでしまうような網目をつくりあげたとはいえ、そのつながりは、まだまだ本当の人間らしい関係になっているとはいえない。だから、これほど人類が進歩しながら、人間同士の争いが、いまだに絶えないんだ。裁判所では、お金のために訴訟の起こされない日は一日もないし、国と国との間でも、利害が衝突すれば、戦争しても争うことになる。君が発見した「人間分子の関係」は、この言葉のあらわしているように、まだ物質の分子と分子との関係のようなもので、人間らしい人間関係になっていない。

だが、コペル君、人間は、いうまでもなく、人間らしくなくっちゃあいけない。人間が人間らしくない関係の中にいるなんて、残念なことなんだ。たとえ「赤の他人」の間にだって、ちゃんと人間らしい関係を打ち立ててゆくのが本当だ。——もちろん、こういったからといって、何も、いますぐ君にどうしろ、こうしろというわけではない。ただ、君が大人になってゆくと共に、こういうことも、まじめに心がけてもらいたいものだと思っていうんだ。これは、人類が今まで進歩して来て、まだ解決の出来ないでいる問題の一つなんだから。

では、本当に人間らしい関係とは、どういう関係だろう。

——君のお母さんは、君のために何かしても、その報酬を欲しがりはしないね。君のためにつくしているということが、そのままお母さんの喜びだ。君にしても、仲のいい友だちに何かしてあげられれば、それだけで、もう十分うれしいじゃないか。人間が人間同士、お互いに、好意をつくし、それを喜びとしているほど美しいことは、ほかにありはしない。そして、それが本当に人間らしい人間関係だと、——コペル君、君はそう思わないかしら。

人間とは何か。何を求めて歩きつづけているのか。何に向かって生きているのか。脳裏から離れない。いや、しかし、あらゆる時代を貫くモラル、それは労働である。そこに迸る情熱がある。真に人間的な怒りと悲しみがある。真に人間的にあふれる愛情も表情も、人とのつながりもある。日本で繰り広げられたかつてのたたかいのなかで、その時代に古在由重は、「勤労するすべての人間の生命、自由、幸福への道はこの激情から出発する。それらを約束するヴィジョンも、まさにここからのみうまれるだろう。このヴィジョンから、われわれの未来への正確な設計図が作成されなければならない。それに必要なのは冷厳な理知であり、科学の思考である。これによってのみ、たぎりたつ激情の火花はわれわれの進路をてらしだす照明となり、ひとつのたくましい思想となることができる。思想は——あつい心臓、つめたい頭脳を要求する」［古在 1960：17］と書き留めた。また、「われわれにとって必要なのは、われわれ自身の衝撃をあたえるいくつかの個別的な事態を一層ひろい視野のもとにつかみなおすことである。このとき、それらすべては未来へいきる自己の自由と幸福への道に、そしてわが国の平和と民主主義への道につながってくる。さらにひろくみれば、あすの世界の歴史の進路にまでつながってくるだろう。このような全体への展望のもとにのみ、はじめてわれわれの個々の情感や体験——（…）はひとつの系統づけられた思想にくみこまれることができる。われわれの抵抗を持久の姿勢につよめるもの、われわれの激情に透徹した理知の眼をあたえるもの——それは思想である」［古在 1960：9-10］。

いつの間にか、流れる時間が速すぎて、自分自身の眼だけにとらわれていないか。このようなおもいを抱いていても、どこかで自分自身を美化していないか。人間は欲望の固まりである。つまり、「君たちの生きる社会、それを考えるひとつのこつは、自分と相手を全部いれかえてみるということです」[伊東 1996：218][6] と伊東光晴は言う。阿部謹也もまた同じような文脈で捉えつつ、自身が大学生のころに学んでいた上原専禄先生とのやりとりを回顧している。教わった重要なこととして、「それをやらなければ生きてゆけないテーマ」を探すこと[阿部 2007：16-21][7]、学んで「解る」ということについて、「解るということはそれによって自分が変わるということ」[阿部 2007：21-24] と言われ、自問の日々が貴重だったと述べている。

私たちは、分かっているようで何も誰も解っていないのかもしれない。それでも事実と真実を発信する。「真の文明は　山を荒らさず　川を荒らさず　村を破らず　人を殺さざるべし」という田中正造の言葉をおもうことで [小松 2011]、世界と、アジアやアフリカと、向き合うことができるかもしれない。

（大 津 健 登）

参考文献

阿部謹也（2007）『自分のなかに歴史をよむ』筑摩書房。

アルフレッド・マーシャル［馬場啓之助訳］（1965）『マーシャル　経済学原理』I、東洋経済新報社。

伊東光晴（1996）『君たちの生きる社会』筑摩書房。

梅本克己著作集編集委員会（1977）『梅本克己著作集　第四巻』三一書房。

大津健登（2014）「韓国の経済発展に関する研究―グローバリゼーション下の韓国資本主義―」（2013 年度博士学位請求論文）明治大学。

古在由重（1960）『思想とはなにか』岩波書店。

小松裕（2011）『真の文明は人を殺さず』小学館。

佐和隆光（1982）『経済学とは何だろうか』岩波書店。

福田邦夫（2006）『独立後第三世界の政治・経済過程の変容―アルジェリアの事例研究―』西田書店。

6　原著は、1978 年。

7　原著は、1988 年。

ベネディクト・アンダーソン［白石隆・白石さや訳］（2007）『定本　想像の共同体―ナショナリズムの起源と流行』書籍工房早山。
吉野源三郎（1982）『君たちはどう生きるか』岩波書店。

執筆者紹介（執筆順、執筆担当）

福田邦夫（ふくだ　くにお）　まえがき、<編者>
1945年生まれ
フランス国立高等研究院中退。
明治大学大学院商学研究科博士課程単位取得退学。
明治大学、博士（経済学）。
現在、明治大学商学部教授、明治大学軍縮平和研究所所長。

大津健登（おおつ　けんと）　第1章、結語、<編者>
1981年生まれ
高麗大学大学院（明治大学協定校留学）
明治大学大学院商学研究科博士後期課程修了、博士（商学）。
現在、明治大学研究・知財戦略機構国際総合研究所研究推進員、立教大学経済学部兼任講師、関東学院大学経済学部非常勤講師ほか。

深澤光樹（ふかさわ　みつき）　第2章
1985年生まれ
現在、明治大学大学院商学研究科博士後期課程、明治大学商学部助手。

佐々木優（ささき　すぐる）　第3章
1983年生まれ
明治大学大学院商学研究科博士後期課程修了、博士（商学）。
現在、千葉大学教育学部・千葉大学大学院教育学研究科非常勤講師。

山中達也（やまなか　たつや）　第4章
1982年生まれ
チュニス大学大学院経済商学研究科退学
現在、明治大学大学院商学研究科博士後期課程、明治大学商学部助手、（財）日本エネルギー経済研究所中東研究センター外部研究員、千葉商科大学商経学部非常勤講師。

現代アジア・アフリカ政治経済論
―韓国、バングラデシュ、ケニア、チュニジアの地平

2015年3月14日初版第1刷発行

編　者　福田邦夫(ふくだくにお)／大津健登(おおつけんと)

発行者　明治大学軍縮平和研究所

発売所　株式会社西田書店
東京都千代田区神田神保町2−34 山本ビル
Tel 03-3261-4509 Fax 03-3262-4643
〒101−0051
http://www.nishida-shoten.co.jp

装丁　犬塚勝一
印刷　平文社
製本　高地製本所

ISBN978-4-88866-590-2 C0033